重庆市高等教育学会重点项目（编号：CQGJ17047A）
重庆市高等职业技术教育研究会重点项目（编号：GY173016）

经济新常态下高职院校转型发展研究

郭光亮 著

西南师范大学出版社
国家一级出版社 全国百佳图书出版单位

图书在版编目(CIP)数据

经济新常态下高职院校转型发展研究 / 郭光亮著
. — 重庆 ：西南师范大学出版社，2018.12
ISBN 978-7-5621-5570-6

Ⅰ. ①经… Ⅱ. ①郭… Ⅲ. ①高等职业教育－发展－研究－中国 Ⅳ. ①G718.5

中国版本图书馆 CIP 数据核字(2018)第 258456 号

经济新常态下高职院校转型发展研究

郭光亮　著

责任编辑：周明琼
责任校对：曾　文
装帧设计：观止堂_朱璇
排　　版：重庆大雅数码印刷有限公司・王兴
出版发行：西南师范大学出版社
网址：http://www.xscbs.com
地址：重庆市北碚区天生路 2 号
市场营销部电话：023-68868624
邮编：400715
印　　刷：重庆共创印务有限公司
幅面尺寸：170mm×240mm
印　　张：12
字　　数：230 千字
版　　次：2019 年 12 月　第 1 版
印　　次：2019 年 12 月　第 1 次印刷
书　　号：ISBN 978-7-5621-5570-6

定　　价：49.00 元

序

中国经济进入新常态，是习近平新时代中国特色社会主义经济思想的重要内涵。增速换挡、结构转型、方式转换、质量提升是经济新常态的主要特征，是这一思想的重大论断；新的发展理念、供给侧结构性改革、高质量发展与深化改革开放是这一思想的核心要求。鉴于职业教育与经济发展的内生关系、外在联系深刻而紧密，职业教育如何适应、满足与引领经济新常态的发展成为当前职业教育界关注的焦点、讨论的热点、研究的重点。由此，在经济新常态下，职业教育的主要承担者——高职院校如何解决产教融合、校企协同等难点？围绕办学理念、办学方式等做出怎样的调整调试？以及如何构建起与经济动态、社会生态、教育形态以及区域业态相衔接的良性关系，从而在推动职业教育自身高质量发展的同时服务区域经济社会发展？这一系列问题的研究理论意义突出、现实意义重大。

当前，经济领域以“质量发展”为导向，经济转型升级和新旧动能转换，产业结构不断优化，战略性新兴产业和新产品实现较快增长。与此相应，职业教育的发展投入力度逐年加大，现代职业教育体系框架已现雏形。然而，面对新常态的发展背景，高职院校的发展如何从生源扩张阶段转向质量提升阶段，其间面临种种冲击与挑战，实践探索依然道阻且艰。高职院校要基于自身使命、价值准则以及与经济、社会发展的关系，既在服务经济上有所作为，也在引领变革上有所行动，在张弛之间保持稳态，探索一种既满足于当下现实诉求，又着眼于未来发展需求的转型创新之路。

西南大学在读博士、重庆青年职业技术学院院长郭光亮同志所著的《经济新常态下高职院校转型发展研究》一书，是在新的历史发展背景下有关高职院校发展的一部研究专著，其立足于探寻新常态下高职院校和经济发展的互动共振，为推动高职院校转型发展提供了实践参考，为教育行政部门提供了重要的决策参考与政策咨询，同时为相关领域的研究提供了有效借鉴。希望这本书的出版，能对我国职业教育的转型与发展起到促进作用，并使这方面的研究工作得以更好地发展与提高。

朱德全

2019年5月

前言

“新常态”是习近平总书记2014年在河南考察时第一次提出的。在2014年APEC工商领导人峰会上，习近平总书记又对中国经济新常态进行了系统阐述。[①] 与过去30多年的改革发展不同，新常态下中国经济主要表现出三个方面的特征：一是从高速增长转为中高速增长；二是经济结构不断优化升级，第三产业消费需求逐步成为主体，城乡区域差距逐步缩小，居民收入占比上升，发展成果惠及更广大民众；三是从要素驱动、投资驱动转向创新驱动。这三个特征不是独立存在的，而是具有内在逻辑联系的。

在2014年中央经济工作会议上，习近平总书记进一步从9个方面阐述了新常态的趋势，描绘了未来我国改革发展的着力点，概括起来主要是：释放消费潜力；创新投资方式；培育新的比较优势；优化产业结构；提高人力资本质量和技术进步；建立统一透明、规范有序的市场环境；形成绿色低碳、循环发展的新模式；建立健全化解各类风险的体制机制；进行科学宏观调控。这些趋势性变化说明，经济发展动力正从传统增长点转向新的增长点。

近年来，职业教育作为国民教育体系和人力资源开发的重要组成部分，承担着多元化人才培养、技术技能传承、就业创业指导的重要职责，已成为我国适应新常态、发展实体经济、转变经济发展方式、推进产业结构调整和信息城镇化建设的重要支撑，引起了国家的高度重视并出台了一系列刺激性政策。

2014年6月，国务院发布《关于加快发展现代职业教育的决定》（国发〔2014〕19号），分6个部分提出了加快发展现代职业教育的28条政策措施。2014年6月，在全国职业教育工作会上，习近平总书记就加快职业教育发展做出了重要指示，强调要努力培养数以亿计的高素质劳动者和技术技能人才，要牢牢把握服务发展、促进就业的办学方向，创新各层次各类型职业教育模式。

---

① 光明日报.习近平总书记有关新常态论述摘登[EB/OL].[2016-3-3].http://cpc.people.com.cn/xuexi/n1/2016/0303/c385474－28167911.html.

习近平总书记同时还要求各级党委和政府要把加快发展现代职业教育摆在更加突出的位置，更好支持和帮助职业教育发展。教育部、国家发展改革委、财政部、人力资源社会保障部、农业部、国务院扶贫办六部门联合发布《现代职业教育体系建设规划（2014—2020年）》（教发〔2014〕6号），对职业教育体系架构、重点任务、制度保障和机制创新等具体事项进行了总体部署。上述国家政策的出台，充分表明了国家高层对发展职业教育的重视、改革的力度都是前所未有的。职业教育必将在中长期内迎来一个飞速发展的时代。

本研究具有较强的理论意义。第一，新常态下高等教育的发展研究是非常有益的理论探索，梳理构筑了新常态下高等职业教育的理论体系；第二，新常态下高职院校发展路径的探索，对补充和完善高职院校教育管理理论具有很大的价值；第三，本研究结合区域发展特征，对填补和完善区域经济范畴内高职院校发展理论具有十分重要的意义；第四，对探索混合所有制下的高职院校转型发展模式和理论，具有理论论证的价值。

本研究更具有深远的现实意义。第一，为现阶段高职院校的改革发展提供了理论依据，提出了可行的方案和改革实践的具体举措，对推动高职院校的发展意义重大；第二，为高职院校探索混合所有制办学，走市场化办学之路提供了理论支撑和操作建议；第三，为各省市教育系统出台高职教育发展的具体政策和实施措施提供咨政建议；第四，对高职院校的学科体系设计以及教育模式的改进，也具有较强的指导与参考价值。

国外高职教育经过百余年的发展，已经有了丰厚的理论积淀，形成了两个不同的理论学派。第一个是以英国经济学家巴洛夫为代表的主流派，认为发展中国家可以通过重点投资学校形态的职业教育来发展经济，倡导学校本位的职业技术教育办学模式；第二个是以美国教育家福斯特为代表的反主流派，反主流派反对学校形态的职业教育，认为职业教育的重点是非正规的在职培训，企业本位的在职培训优于学校形态的职业教育，发展企业本位的在职培训要比发展正规的职业学校更经济、更少浪费。这也逐渐成为世界职业教育发展的主流指导思想。

目前,职业技术教育模式主要有四种。第一,瑞典的教育模式被称为“北欧教育的典范”,学校面向社会开放,把职业技术教育与普通教育糅合在一起,是瑞典教育的最大特色,以综合制高中与学科合科教学为特征。第二,法国的教育模式把中等职业技术教育与高中教育进行横向联系,使青年学生根据自己的兴趣和爱好向上攀登。第三,美国的职业技术学院主要培养专门人才,学制2~3年,一般只授予副学士学位,如会计、工程技术人员、护士等。第四,德国的教育模式采取双元制,特别重视“企业为主、学校为辅”的教学原则,是一种“校企结合”的办学体制,突出学生实践能力的培养,以宽基础复合人才的培养为目标。20世纪90年代后,国际职业教育呈现新变化、新特征,职业教育与就业、创业相互渗透,逐渐成为全民教育。

教育适应、超越和引领经济社会发展乃是其题中之义,在经济新常态发展的时代背景下,高职院校需重新确立自身安身立命乃至肩负并引领技术技能型人才培养之使命,重塑高职教育服务新常态发展的重要形象。这也意味着高职院校需要探索一条根本性的转型发展之路,彻底摆脱政府、家长、社会、学生以及行业企业对高职教育人才培养的认同危机,这也关系到高职院校生存与发展的“合法性”。当前,高职院校面临的生存压力和发展阻力,既有来自外部环境的,包括政府、市场等,也有来自内部环境的,包括历史和传统、组织文化、认知等。这些生存压力和发展阻力,影响着高职院校的当下与未来。当前,我国高职教育的“实然”状态和“应然”状态存在较大差距。现有高职院校办学,无论是学历层次教育,还是体制机制建设抑或发展方式都与我国经济新常态对高职教育的要求不符。因此,高职院校应该而且必须探索转型发展之路。这将是职业教育作为一种教育类型进行其社会生长的过程。生长植根于中国经济新常态的肥沃土壤的高职教育,能否最终开花结果,需要高职院校在转型中不断进行探索。因此,从某种意义上说,高职院校的转型势在必行,这种转型必将推动高职院校朝价值更大化、效果更优化方向发展,对社会经济发展将有深刻的意义。本研究分四个递进层次:理论篇、现实篇、转型篇和策略篇。以此作为课题研究的分析框架,来探索我国高职院校转型发展的理论基础、现实状况、可行路径和具体举措。

理论篇:主要澄清经济新常态与职业教育发展的关系逻辑,重点厘清经济新常态与职业教育尤其是高职院校发展的内生关系。这是课题研究的逻辑起点。

现实篇:通过探究职业教育转型发展的国际经验与我国经济新常态下职业院校的本土实践,厘清职业教育转型发展尤其是经济新常态下高职院校转型发展的现实状况。

转型篇:通过探究经济新常态下我国高职院校转型发展的框架模式发现问题所在,并基于新常态下高职院校转型发展理念、办学体制、治理机制以及发展方式的逻辑推演和现实考量,探索高职院校转型发展的可行路径。

策略篇:通过以上研究提出我国高职院校转型发展需要国家、地方和学校三个层面的政策支持和相应的配套制度,在此基础上提出新常态下高职院校转型发展的基本策略。

目录

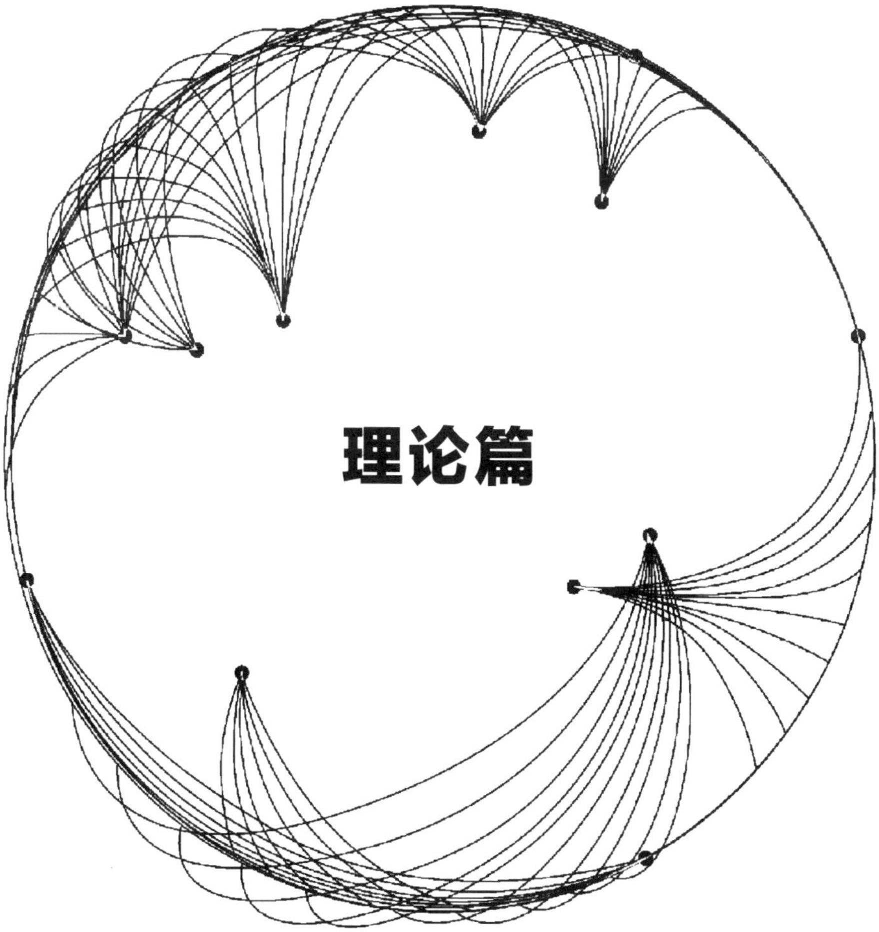

理论篇

经济新常态描述了经济发展从一种状态向另一种状态的变化，按照其发展特征，经济新常态可有以下三种理解。第一，在国内语境下，中国经济的新常态是由“非常态”向“常态”转变，即“计划经济”经过“市场化转型”进入“社会主义市场经济”，其核心在于形成社会主义市场经济规则、运行机制以及市场结构与模式，并继续演进。第二，从国际来看，自20世纪70年代末实行改革开放政策以来，中国经济取得了令人瞩目的成绩，这是因为中国不断转变政府职能，完善市场经济。这与其他国家强化政府对经济干预的做法是不一样的。第三，从可持续发展来看，中国经济新常态必将思考人与自然的和谐发展，必将适应资源环境约束不断强化的新形势，必定转变经济发展方式，优化升级经济结构，逐渐改变以要素驱动、投资驱动为主的经济发展模式，转向以创新驱动为主的发展模式，更加突出生态文明建设。

经济新常态意味着新一轮经济社会的发展与变革，将对社会各个方面产生巨大的影响，尤其是关乎民生的教育发展。从高职教育发展历史来看，高等职业教育与一个地区的经济社会发展水平相互作用、相互影响，高等职业教育能够为地区经济社会发展提供资源和动力，地区经济社会发展水平也影响该地区高等职业教育的结构和布局。经济发展水平影响着高等职业教育的发展水平；经济结构决定着高等职业教育的人才培养结构，特别是专业结构；经济的不断发展对高职人才培养目标和模式提出了新的更高要求；经济发展要求有与之相适应的高等职业教育规模与质量。反之，高等职业教育是经济发展的源泉和动力；高等职业教育为经济增长提供高级技术应用型人才支撑；高职院校通过为社会服务促进经济发展；高等职业教育能为市场营造良好的经济发展软环境。

鉴于经济发展与职业教育的内在关系密切，如何推动职业教育认识经济新常态、适应经济新常态和引领经济新常态，不仅是一个时代课题，更是一个社会焦点问题。理论篇即从理论视角来对经济新常态、高职教育的发展特征与内涵、外延及蕴含其间的逻辑关系和内在机理进行解剖，从而为这一问题的解决提供理论依据和指导方针。

第一章

经济新常态与职业教育发展的关系逻辑

当前,中国正处在从经济大国迈向经济强国的阶段。经济新常态是对这发展阶段特征的概括,正确认识经济新常态、把握中国经济发展的整体逻辑有助于我们统一认识,更好地引领未来经济的发展。发展阶段变了、客观环境变了,我们出牌的方式必须变,我们必须站在新时代新高度,用新方式来思考经济发展的一系列问题。因此,认识经济新常态,适应经济新常态,引领经济新常态,是我国经济发展在未来很长一段时期的核心逻辑。经济新常态也应该是当下职业教育发展的核心逻辑。职业教育是教育体系中与经济社会发展关系最密切的部分之一,对经济发展趋势性变化和阶段性特征的新研判,无论是对职业教育发展的顶层设计,还是对经济新常态下职业教育实践的把握,都有着至关重要的意义。

第一节　经济新常态的内涵、特征及趋势

2008 年美国次贷危机引发了全球性金融危机,全球经济进入了新一轮低谷。为了确保经济平稳发展,中国实施了 4 万亿的经济投资计划,虽然让中国经济避免了因美国次贷危机引发的金融海啸,但宏观经济还是在 2011 年之后

开始呈现下滑走势，中国经济发展呈现一种不同以往的新状态。① 国内对于新常态的高度关注是从 2014 年 5 月习近平总书记在河南考察时的讲话开始的，国内各界由此开始展开经济新常态的内涵、特征及趋势研究工作。

一、经济新常态的提出

“新常态”一词最早是由埃里安（美国太平洋基金管理公司总裁）提出的，意指国际金融危机后世界经济缓慢而痛苦的低增长过程。

2014 年 5 月，习近平总书记在河南考察时指出，我国发展仍处于重要战略机遇期，我们要增强信心，从当前中国经济发展的阶段性特征出发，适应新常态，保持战略上的平常心态。这是习近平总书记首次以新常态描述中国经济。② 7 月，习近平在与党外人士的座谈会上再次提出“正确认识我国经济发展的阶段性特征，进一步增强信心，适应新常态，共同推动经济持续健康发展”③。11 月，习近平在亚太经合组织（APEC）工商领导人峰会上首次系统阐述了新常态。在习近平看来，新常态有几个主要特点：速度——从高速增长转为中高速增长，结构——经济结构不断优化升级，动力——从要素驱动、投资驱动转向创新驱动。④ 12 月 5 日，中央政治局会议上首提新常态。在中央政治局会议的公报中，有三处提到新常态，“我国进入经济发展新常态，经济韧性好、潜力足、回旋空间大”，“经济发展新常态下出现的一些趋势性变化使经济社会发展面临不少困难和挑战”，“主动适应经济发展新常态，保持经济运行在合理区间”⑤。

中央领导对中国经济发展趋势和规律进行了重新认识和判断，将当下中国经济发展摆在一个新的历史周期中，表明了不断深化改革开放、推动中国经济持续健康发展的信心和决心。

---

① 齐建国，等. 中国经济新常态的内涵和形成机制[J]. 经济纵横，2015(3)：7-17.

② 人民网. 习近平在河南考察时强调：深化改革发挥优势创新思路统筹兼顾确保经济持续健康发展社会和谐稳定[EB/OL]. [2014-5-11]. http://cpc.people.com.cn/n/2014/0511/c64094－25001070.html.

③ 人民网. 中共中央召开党外人士座谈会 习近平主持并发表重要讲话[EB/OL]. [2014-7-30]. http://cpc.people.com.cn/n/2014/0730/c64094－25366469.html.

④ 新华网. 习近平首次系统阐述“新常态”[EB/OL]. [2014-11-9]. http://news.xinhuanet.com/world/2014－11/09/c_1113175964.htm.

⑤ 中国新闻网. 中央政治局会议首提新常态 提前定调货币政策[EB/OL]. [2014-12-6]. http://www.chinanews.com/gn/2014/12－06/6851162.shtml.

2014年8月5日至7日,《人民日报》连续三天在头版位置刊登了“新常态下的中国经济”系列评论,以《经济形势闪耀新亮点》《经济运行呈现新特征》和《经济发展迈入新阶段》为题,对中国经济形势进行了多角度的分析,具体阐释了“中国经济新常态”的内容和意义。① 这些评论文章向世人展现了当下中国经济发展的新规律和新趋势,能够帮助人们更好地认识中国经济。在经济新常态下,人们不仅要加快转变思想观念,更要加快转变经济发展手段。改革是动力,只有不断深化简政放权、民主保障、产业结构改革,才能解决新难题,突破新困境。

二、经济新常态的内涵

经济新常态一方面注重经济结构的平衡状态,另一方面着眼于在经济结构平衡状态下的可持续发展,包括经济可持续、稳增长。

它是一种强调结构稳增长的经济,与总量经济不同,不仅仅看GDP及人均GDP的增长和经济规模的增速。

在经济新常态下,GDP已经不是衡量经济发展水平的唯一指标,甚至也不是最重要的指标。在过去,人们对经济发展水平的理解是片面的。只看经济领域,未考虑经济发展与社会发展的内在关系,将经济脱离地区社会发展来看,这是欠科学的,也是不合理的。

在经济新常态下,我们需要在GDP以外的指标中寻找科学评价经济的新依据。换言之,在经济发展中,我们不仅要关注经济增长速度和经济宏观规模,更应该关注经济的质量、经济与地区社会发展的内在契合度和关联度。

从再生经济学的角度来看,只有新的经济增长点才能催生旧结构的调整。从一定程度而言,投资主导消费,投资驱动创新、创业,企业技术提升,产业结构升级,生产效率提高,这样才能真正实现经济结构的转变,实现经济质量的提升。

---

① 人民网.习近平两提“新常态”《人民日报》连续3天发文阐释[EB/OL].[2014-8-8].http://finance.people.com.cn/n/2014/0808/c1004-25430853.html.

三、经济新常态的特征及趋势

2014 年 12 月，习近平总书记在中央经济工作会议上首次阐述了经济新常态的九大趋势性特征。

(一)从消费需求来看

2014 年以前，我国的消费呈现出模仿型排浪式特征。随着我国改革开放的不断深化，个性化、多样化消费逐渐成为主流，产品质量安全更加重要，供给侧改革更加重要。这就要求国家采取积极的消费政策，进一步释放消费潜力，使得消费在推动经济发展中持续发挥基础作用。

(二)从投资需求来看

改革开放四十多年来，中国不断加大基础建设力度，传统行业已经日益饱和，随着移动互联网、物联网等信息技术的出现，中国投资出现了新的方向和动力。这就要求投资者要有敏锐的洞察力和清醒的鉴别力，善于把准投资方向，消除投资障碍，使得投资对经济发展持续发挥关键作用。

(三)从出口和国际收支来看

在 2008 年国际金融危机爆发之前，国际市场空间扩张得非常快，当时出口是拉动我国经济快速增长的主要动能之一。但因总需求减少，我国成本较低的比较优势也没能充分发挥，同时我国的出口竞争压力依然存在，高水平引进来、大规模走出去正在同步发生。这就要求我国加快培育新的比较优势，使得出口对经济发展持续发挥支撑作用。

(四)从生产能力和产业组织方式来看

2014 年以前，长期困扰我国的一个主要矛盾是供给不足。2014 年后，我国传统产业的供给能力大幅提升，基本超出需求。经济新常态下，我国的产业结构需进一步优化升级，企业需实行兼并重组改革，新兴产业、服务业、小微企业等的作用更加凸显，小型化、智能化、专业化的生产将成为产业组织的主要特征。

（五）从生产要素相对优势来看

2014 年之前，我国的最大优势是劳动力成本低，只要能引进技术和管理就能迅速变成生产力。2014 年以后，随着城镇化的发展和人口老龄化趋势加重，农村农业富余劳动力减少，要素的规模驱动力也相应减弱，经济增长将更多地依靠人力资本的质量和技术的进步。这就要求我国将创新作为驱动发展的强大引擎。

（六）从市场竞争特点来看

2014 年以前，市场竞争主要是数量扩张和价格的竞争。2014 年以后，市场竞争逐步向质量型、差异化为主的竞争转化，统一全国市场、提高资源配置效率成为经济发展的内生性要求。这就迫使我国深化改革开放，加快形成统一透明、有序规范的市场环境。

（七）从资源环境约束来看

2014 年以前，能源资源和生态环境的空间相对较大。2014 年以后，我国环境的承载能力已基本达到上限。这就要求我国要顺应人民群众对良好生态环境的期待，推动形成绿色、低碳、循环的发展新方式。

（八）从经济风险积累和化解来看

随着经济增速的放缓，各类隐性风险也正逐步显性化，但风险总体是可控的，只不过以高杠杆和泡沫化为主要特征的各类风险的化解将持续一段时间。这就要求我国要做到标本兼治、对症下药，进一步建立健全化解各类风险的体制机制。

（九）从资源配置模式和宏观调控方式来看

2014 年以后，我国全面刺激政策的边际效应显著递减，既要全面化解产能过剩，又要充分发挥市场机制的作用来探索未来产业发展的方向。这就要求我国要全面把握总供求关系新变化，加快供给侧结构性改革，科学、全面、准确地进行宏观调控。

所以，只有科学地、历史地、全面地、辩证地认识和把握我国经济发展的阶段性特征，才能系统地认识和科学地把握当前经济发展形势，准确地研判我国未来经济发展的走势，才能更加准确地把握中国经济发展的新常态。

第二节　高职院校转型发展的应然走向

高职院校转型发展是中国教育改革发展的重要组成部分。新中国成立以来，特别是改革开放以来，我国高等职业教育事业发展突飞猛进，高等职业教育和职业技能培训取得了显著成效，为我国社会主义事业建设与发展培养了一大批高素质专业化技术技能型人才。然而，在看到成绩的同时，我们也清醒地认识到我国高等职业教育发展面临着一些突出问题：一是对发展高等职业教育的重要性缺乏深刻的认识；二是对高等职业教育的投入还相对不足，基础仍然比较薄弱，办学条件相对较差；三是高等职业教育的办学、管理体制和教育教学质量还不能很好地适应经济建设和社会发展的需要；四是还没有完全严格执行就业准入制度，挫伤了受教育者的积极性；五是地区之间、城乡之间的发展仍然很不平衡。

一、高职院校转型发展的基本内涵

"转型"一般指转变经济社会结构、文化形态、价值观念等。该词最早被运用于生物学和化学研究，意指"变化""进化"，后被社会学家引入社会科学领域，强调社会结构具有生物学意义上的"进化"或"变化"。

"高职院校转型发展"内涵的界定应从内涵与外延两方面展开，内涵上主要指高职院校内部管理运行机制在一定时期内发生根本性变化，放弃计划经济时期的管理模式，启用以市场为导向的现代管理体制，包含发展路径转向、办学模式转型、教学体系转型、课程体系转型、教师队伍转型等核心维度。高职院校转型发展是在我国社会面临从计划经济向市场经济转型、高等教育从精英教育向大众教育转型的背景下进行的，其实质是在高等教育管理改革的过程中积极探索一种新的管理模式，面向社会办学，采用市场机制配置教育资源。从外延上看，高职院校转型发展是在转型过程中反映出来的高职院校的本质属性的总和，即高职院校在转型发展方面包括的主要内容或任务，主要延伸到高职院校转型发展所涉及的政治、经济、文化等方面。

二、高职院校转型发展的关键要素

经济社会发展进入新常态，教育发展要适应经济社会发展的新需求和新趋势，高职院校在其中应该承担更多职能，发挥更大作用。教育者需要从经济新常态中寻求变革灵感，厘清思路。大学的基本职能决定了新常态下高职教育改革和发展的基本方向。大学的基本功能包括人才培养、科学研究、服务社会、文化传承创新、国际合作交流，其中，人才培养是核心工作，科学研究是重要职能，服务社会是人才培养和科学研究功能的拓展和延伸，文化传承创新是高职院校的特殊使命，国际合作交流体现了高职院校适应时代发展脉搏的创新精神。这是高职院校无论怎样变革都必须坚守的。在经济全球化的时代背景下，高职教育依旧要坚持教育发展的初心，即“对人的培养”，高职院校的责任与使命就是要让每个公民都得到适合他的教育资源，帮助其实现自我价值，进而促进人的全面发展，让每个人都成为最好的自己。

经济新常态下，高职院校转型发展所面临的问题和挑战，需要通过转型来突破和解决。从高职院校自身来看，充分发挥大学的五大基本功能，才能不断地提升高职院校的知名度和美誉度，这是高职院校实现转型发展的基础。要真正促进全面转型提升，需要关注三个关键要素。

第一，课程要素。专业是教育与经济的接口，课程是高职教育活动的核心。在市场经济主导的时代，必须根据区域经济发展需求，特别是市场、产业、行业对人才的需求，及时调整高职院校的专业和课程，延展学生的教学活动，这是从专业课程到日常学习的延伸，是从职业岗位到终身职业生涯的延伸，是高职院校可以自行推进解决、能有所作为的内容，也是高职教育实现内涵式发展、提升教育竞争力的重要举措。

第二，教师要素。当前，高职院校推进课程改革存在四个难点：一是教师的习惯性思维与行为、教育教学能力；二是系统的课程管理和有效实施；三是多元评价模式的构建；四是人才培养方案的制订。第一个难点主要针对教师本身，其他三个难点也与教师密切相关。由此可见，师资队伍建设也是当前高职院校转型的关键要素。课程改革主要靠教师。首先，教师要树立常新的教学理念，不断刷新知识体系，具备教育教学理论和职业教育理论以及科学的思维能力，同时具备先进的教育教学手段和职业教育教学方法。其次，教师不仅要具备“双师”素质，还要拥有国际教育视野，掌握先进教育理念，转变在教学中的角色，从课堂的主角变成配角，真正实现以学生为中心的教学方式，成为学生的良师益友，使学生成为自己的“粉丝”。教师要引导学生自主学习、自主做事、自主承担风险和相应的义务，掌握技能、学会合作、勇于担当。这样才能真正使学生成为社会需要的合格人才，在社会上体面地生存、幸福地生活，让学生真切地感受到获得感、幸福感和成就感。

第三，学生要素。教师在教学活动中要整合资源，发挥资源调配师的作用，加强学生对教育资源的反哺，提升学生学习服务质量。高职院校历来强调“学教做合一”，“学”字当头，要突出学生的成长需求，生产出符合学生成长需求的“产品”。这种“产品”就是高职院校挖出的各类课程，这些课程能否让学生接受，能否适合学生的“胃口”，能否满足学生的需求，关键在于课程的设计和教师的教学。课程的建设与改革，应该坚持以生为本，坚持以学生的需求为导向。在信息时代，学生获取知识的渠道是多元的，在课堂教学中要让学生充分感受“当家做主”。首先，在对教师和专业进行评价时，应该突出学生的“用户”地位。教师要想取得好的教学效果，就要改变传统的教学观念，进一步突出以学生为本，把学生摆在更重要的位置，及时了解学生的学业进度与程度、学习习惯与方式、智能特点与兴趣，因材施教。其次，要彻底改变课堂教学、学习辅导过程中的师生固定角色，教师从课堂的讲授者、传播者转变为学生学习的引路者、帮助者。最后，要改变教学方法，进一步突出实践教学，坚持以问题为导向，以解决问题为内容，精心设计案例辅导、专题讨论、任务项目等，充分发挥学生的学习潜能。

三、高职院校转型发展的方向探寻

对于高职院校转型发展的方向，目前主要有两种观点：一是注重内涵，向内的方向。这种观点认为高职院校转型发展“指高职院校内部管理运行机制在一定时期内发生根本性变化，摒弃计划经济时代的传统管理模式，采用以市场为导向的现代管理体制”[①]。二是关注形式，向外的方向。这种观点把高职院校转型发展等同为高职院校升格，认为可以有条件地允许部分高职专科院校升格举办本科高职教育。这些观点都有失偏颇，不利于当前高职院校的发展。

高职院校转型发展是在国家相关法律法规和政策的指导下，通过内部改革促进办学理念、人才培养模式、人才培养目标、校园文化和价值取向等发生根本性的变革，进而提升学院的办学层次和办学水平，实现组织制度变迁和新的制度性，取得相应的“合法性”的过程。所以，高职院校转型发展既注重内涵，也关注形式，是内在与外在的结合，是向内和向外两个方向的汇合，具体而言，主要包括以下五个维度。

第一，由“趋同”到“内涵”的发展路径转型。

改革开放以来，我国高等教育发展进入了高速发展阶段。高等教育的普遍化、大众化给高职院校的发展带来了一定的挑战，致使很多地方高职院校重复建设、同质化竞争，主要表现为高职院校间专业设置的趋同。为解决生源问题，高职院校的专业设置往往求全求热，专业名称往往求新求奇，甚至不考虑、不权衡自身的办学能力和办学条件，开设一些热门专业学科，但因师资、设备等跟不上，导致教学质量较差。这种现象导致了一些高职院校专业的“出生率”高，但“死亡率”也高，严重浪费了高等职业教育资源，大大降低了毕业生的就业能力和水平，甚至降低了学校乃至整个高等职业教育的质量。

第二，由“封闭”到“开放”的办学模式转型。

高职院校办学的封闭性一直存在，主要表现为以政府主导为主，市场、企业等其他社会力量参与不足，严重影响了高等职业教育资源的有效整合和合理利

① 李金桥，刘太刚．高职院校转型的主要内涵及其特征[J]．教育与职业，2008(23)：17-19.

用，降低了高素质技术技能型人才的培养质量。《国家中长期教育改革和发展规划纲要(2010—2020年)》已把推进职教集团化办学列入教育体制改革的重点。实践充分证明，集团化办学有利于激发行业企业的积极性和能动性，有利于实现产学研的深度融合，有利于整合职教资源，提高高职院校的办学质量和服务水平。在政府的主导下，在职教集团的统筹下，高职院校围绕市场需求办好教育，依托产业设置专业，运用行业做强专业，为经济转型发展和产业提档升级提供人才支撑和智力支持。

第三，由“理论教学为主”到“实践教学为主”的教学体系转型。

高职院校已经意识到内涵发展才是发展的硬道理，并不断加强实践教学，注重产教融合、校企合作，切实加强校内外实训基地建设和“双师型”师资队伍建设。但总体而言，传统的理论教学主导的教学体系尚未有效改变，“工学结合”的职业教育理念还没有真正落地，符合市场要求、人才发展规律的实践教学体系尚未真正形成。因此，高职院校转型发展的当务之急是打破传统意义上的学科界限，回归高等职业教育本质，注重实践教学，整合教学资源，重构全新的教学体系和课程框架，增加实践教学数量，创新实践教学模式，提高实践教学质量，以“能用、够用、管用、必用”为原则，进一步整合文化知识和专业理论知识。

第四，由“分段割裂”向“系统衔接”的课程体系转型。

从当前国民教育结构来看，高职院校处于职业教育体系的中间环节，承载着贯通中职教育和本科职业教育的重任。然而，笔者认为中高职衔接、高职专科与本科衔接的核心是课程体系的衔接。目前，我国职业教育“断头”现象突出，三个层次的职业院校的课程体系分割，教学内容重复交叉、脱节遗漏。因此，高职院校应在教育行政主管部门的领导下，在行业企业的主导下，围绕人才培养目标，依据国家行业标准，与应用型本科院校和中职院校在课程体系建设等方面加强协调配合，统筹谋划，系统重构，努力建设上下贯通、有效衔接的课程体系。

小贴士:我国高职院校的发展历史

改革开放以后,我国高等职业教育得以全面发展。在改革开放的时代背景下,东南沿海地区经济建设呈现高速发展的态势,工业化生产的快速发展与应用型人才短缺的矛盾日益突出。为解决经济发展与人才供应之间的矛盾,20世纪80年代初,东南沿海及一些经济较发达的地区开始出现了一批新型地方性职业大学,这是我国高等职业教育的雏形。随着改革开放的深入,我国经济迅速发展,对技术应用型人才提出了新的更高的要求。1985年,国家批准试办初中后五年一贯制职业教育。随后10年,22所学校获准实施五年制高等职业教育。到20世纪末,国家要求所有高等专科学校和成人高等学校都与高等职业技术学院一样,培养高级技术应用型专门人才,并将此统称为“高职高专教育”。截至2017年5月31日,全国高等学校共计2914所,其中高职院校1388所,约占全国高校总数的47.6%。可见,高等职业教育的发展变化,与经济社会发展、变革息息相关。可以说,经济社会的变革决定着高等职业教育的产生和发展。

第五,由“理论型”向“双师型”的教师队伍转型。

近年来,特别是高职示范院校建设以来,高职院校更加注重“双师型”教师队伍建设。但在实践中不难发现,许多高职院校教师与“双师型”教师的要求还有一定差距。有些高职院校将教师“双证”等同于“双师”,其实不然。对于高职院校来说,“双师型”教师队伍建设任重道远,是一项长期的系统工程。因此,在经济新常态阶段,高职院校应高度重视“双师型”教师队伍建设,认真总结引进、培养和使用“双师型”教师方面的好的做法及存在的问题,进一步加大“双师型”教师培养力度,积极探索开放式专兼职“双师型”教师的聘用、培养、使用机制。

第三节 经济新常态与高等职业教育发展的内生关系

高等职业教育泛指一切增进人们的高层次职业知识和技能，培养人们适应职业发展的职业观，使人们能顺利从事某种职业的教育活动。高等职业教育与经济活动的关系十分密切。经济发展水平制约着高等职业教育的发展，高等职业教育对经济发展起着重要的反作用。正确认识与处理这种关系，有利于我们从宏观上与微观上更好地开展各项工作，促进高等职业教育的发展，使高等职业教育对经济的作用得以充分发挥。

一、经济变革和发展决定高等职业教育发展

高等职业教育具有双重性，既是高等教育的一种类型，也是职业教育的一种类型，肩负着培养满足生产、建设、服务和管理一线需要的高素质技术技能型人才的使命，在经济发展和现代化建设中具有不可替代的作用。而高等职业教育的发展离不开经济发展的支撑，需要大量人力、物力和财力的投入。因此，经济社会改革与发展对推动高等职业教育高质量发展具有至关重要的作用和影响。

一是高等职业教育受到经济发展和变革的直接影响。工业化之前，经济社会发展水平较低，主要是通过师徒或父子关系的原始教育方式传授知识和技能。随着工业化进程的加快，工程设计人员、工程技术人员和技术工人等不同类型人员逐步开始分工，形成了工程型、技术型、技能型等不同的人才类型，由"工匠""师傅"总揽一切生产过程和技术管理的状况逐步有了改变。特别是在20世纪六七十年代，随着产业结构的调整，传统工业逐渐向新兴工业转型，工业生产需要大量既懂理论又具有实践技能的技术应用型人才。由此，在一些发达国家迅速兴起了高等职业教育，专门培养高级技术技能型人才，此时的教育

开始发生转变，也得到了更好的发展，由单纯的培养学术型人才向培养高层次应用型、技术型、综合型人才转变。据美国人口普查局调查显示：在生产第一线，提高工人平均教育水平 10%，能提高劳动生产率 5%～8%；根据欧洲一些国家统计，工人的技术水平每提高一级，劳动生产率就提高 10%～20%，而劳动生产率每增长或减少 1%，都会影响上百亿元产值或十多亿元的工资成本。因此，自 20 世纪 60 年代以来，世界各国兴办了多种类型的高等职业院校。

二是经济发展水平影响着高等职业教育的发展水平，主要表现在硬件和软件两个方面。从硬件角度来看，经济的发展为高等职业教育的发展提供了基础性的条件，即提供了财力、物力等；从软件角度来看，经济发展需要活跃的人才力量和智力市场，这对新技术的研发、应用及相关人才的培养提出了明确的方向，对高等职业教育服务社会提出了新需求，主要包括对人才数量、结构和素质的需求等。具体而言，随着经济发展水平的不断提高，市场对新技术的研发、应用较为广泛，职业的分化程度也相对较高，因而对技术型人才培养的需求也就“水涨船高”了，从而能有效推动高等职业教育的改革与发展，能有效提升高等职业教育的服务水平。同时，经济发展的水平对高等职业教育发展水平的影响还体现在经济结构、人才培养目标和模式、教育规模与质量等方面。

三是经济结构决定着高等职业教育的人才培养结构，特别是专业结构。高等职业教育人才培养结构受诸多因素的影响，其中，经济结构、产业结构是最主要的因素。换言之，高等职业教育的人才培养结构受经济结构、产业结构的直接影响。随着科学技术的迅速发展和应用，一些新的生产部门源源不断地呈现出来，有力地推动了经济结构的变迁与产业结构的升级。为此，大量的社会人才逐渐从劳动密集型产业流向了知识密集型、技术密集型产业，新的职业正逐步代替传统的职业。产业结构的转换直接决定了人才培养结构的变化，对高等职业教育的类型结构、层次结构和专业结构产生了深刻的影响。传统产业的衰落，导致对相关人才需求的减少，使得高职院校要调整、淘汰相关专业和课程；而新兴产业的出现，导致对相关人才需求的增加，使得高职院校要及时开设新的专业和课程。因此，高等职业教育人才培养结构的调整与提升是紧跟经济结构、产业结构调整的，并服务于经济在一定时期的发展水平所产生的需求，不断调整与优化高等职业教育的专业结构，更好地为区域经济结构调整和产业结构升级服务。

四是经济的不断发展对高职人才培养目标和模式提出了新的更高要求。随着经济的发展，市场急需大量既具有专业理论知识，又具备可持续发展能力，同时还能够把研究成果转化为经济成果的高素质技术技能型人才。这就要求高职院校必须改革传统的高职人才培养模式，积极采用“工学结合、知行合一”的模式提高学生的专业技能，特别重视职业岗位能力的培养。因此，现代高等职业教育必须适应经济社会发展，以就业为导向，根据职业岗位（群）所需能力与素质，突出职业岗位需求，不断调整人才培养目标定位，革新人才培养模式，培养高素质技术技能型人才。

五是经济发展需要一定规模和质量的高等职业教育与之相适应。经济社会发展水平制约着高等职业教育的规模。一个社会如果经济发展水平比较高，就有较好的人力、财力、物力和生源等供给能力及人才需求，就可以为高等职业教育发展提供较扎实的物质基础和较旺盛的高等职业教育服务需求，高等职业教育发展的规模也就随之扩大。反之，对高等职业教育发展的供给和需求就会不足，高等职业教育发展的规模就会缩小。高等职业教育的改革与发展集中在师资队伍建设、课程建设、校舍建设、实验实训基地建设等方面，这些要依靠大量资金资源的投入，很大程度上也取决于区域经济社会发展水平。经济发展状况不良，必然影响对高等职业教育的投入，从而影响人才培养质量。总而言之，经济发展水平的高低，对高等职业教育质量具有一定的影响。

二、高等职业教育为经济发展提供动力和支撑

经济发展依靠科学技术，科学技术运用依靠人才，人才培养依靠教育。因此，教育对经济的影响更加密切、更加直接、更加深远。据测算，20 世纪初，劳动生产率提高和经济增长只有 5％～20％来源于科学技术，一般为 10％；在知识经济时代，劳动生产率的提高和经济增长已有 60％～80％来源于科学技术，即使发展中国家也达到 35％左右。研究表明，从整个教育结构来看，高等职业教育对经济发展的影响最密切、最直接，它不仅能有效地提高劳动生产率和经济效益，也能更好地调整产业结构，推动产业结构优化升级，还能强化地方和企业的文化建设，营造良好的市场经济软环境。美国经济学家萨缪尔森认为，现

代经济的增长包括四个增长要素:人力资源、自然资源、资本积累、技术变革与创新。这几项基本因素与高等职业教育有着密切的关系,高等职业教育对现代经济的增长起着间接或直接的作用。1961 年,经济学家舒尔茨在《教育和经济增长》一文中,对美国 1929—1957 年教育投资增量的收益率做了测算,他发现美国教育对国民经济增长的贡献率为 33%。他还从宏观角度提出了教育是经济增长的源泉和教育可以缩小收入差别的观点。而丹尼森用不同于舒尔茨的计算方法得出了类似的结果,他的计算表明,美国 1929—1957 年教育对国民收入增长的贡献率为 35.3%。罗默、卢卡斯等经济学家提出了"新增长理论",将知识和技术看作经济增长的内生变量,并且认为通过教育和培训获得特殊知识和专业化的人力资本是经济增长的主要因素,具有溢出效应,因而具有递增的边际生产率,从而保证了长期的经济增长。这些经典理论都说明了高等职业教育对经济发展的巨大推动作用。具体来讲,高等职业教育对经济发展的作用与影响主要体现在四个方面。

一是高等职业教育为经济增长提供高素质技术技能型人才支撑。人力资源是第一资源。我国是一个人口大国,但还不是人力资源强国,高素质技术技能型人才还不能满足经济高质量发展的需求。发展高等职业教育就是变人口优势为人力资源优势的有效途径。从长远来看,经济社会不断改革发展,产业结构不断变革升级,对各类高素质技术技能型人才的需求将与日俱增,高职院校必须为经济发展培养和输送大批高素质技术技能型人才。因此,高等职业教育能对经济增长起到促进作用。

二是高等职业教育能为社会提供更多服务,促进经济高质量发展。通常情况下,高职院校的设立与区域或行业经济发展密切相关。专业门类齐全,实习实训设施齐备,并且具有一定的研发和技术推广能力的高职院校能够为社会提供必要的人才和智力服务,主要表现在三个方面:一是高职院校通过技术技能培训,为企业、行业、社会培养和输送大批技术技能型人才;二是高职院校可以利用先进的设施设备和专业人才优势,积极参与企业技术研发,促进企业产品升级;三是高职院校还可以广泛开展技术推广,把先进的技术和成果推广到企业、社区和农村,积极参与"一带一路"、"新时代西部大开发"、乡村振兴、精准扶贫、长江经济带建设等,促进经济发展和社会进步。

三是高等职业教育能够直接拉动经济增长。从近期来看，高等职业教育的大发展，需要社会各行业的投入。随着高等职业教育规模的扩大，政府、企业或者家庭都会加大对其投入力度，如校园建设、实验室建设及仪器设备配置等许多固定资产投资则会直接或间接地促进区域房地产、旅游、交通、文化出版、生活服务等产业的发展和繁荣，有效推动经济的增长。而且根据经济学"乘数效应"理论推断，一定量的高等职业教育相关投入的增加会带来经济社会相关产业、领域数倍的产出增长，极大地拉动区域GDP增长。

四是高等职业教育能为经济发展营造优良的市场软环境。人文道德环境是市场经济发展必不可少的软环境，主要表现为诚实守信、公平竞争、规范有序等。良好的市场软环境是发展区域经济乃至全国经济的基础和先决条件。当今，由于社会信用缺失和道德失范而引发的经济运行低劣问题已经令人十分担忧，因此在重树信用和规范社会秩序过程中，高职院校的职业道德教育、职业素质培养等育人活动的教化功能和文化优势同法治的手段一样，都是不可缺失的，它对经济社会健康长久地运行有着重大意义。①

第四节　经济新常态下职业教育发展的支撑理论

经济新常态对政府公共管理提出了新的挑战。职业教育作为政府公共管理的重要组成部分，成为政府能否积极应对新常态的试金石。经济新常态下的职业教育发展既要立足中国语境，更要立足国际语境，积极借用西方国家已有的成功经验。新公共管理理论、公共产品理论和现代治理理论等西方理论是西方政府公共管理经验的有益总结，从中获取有益的理论养分，有助于更好地理解政府的公共管理职能，明确经济新常态下职业教育的发展方向。

① 戴国强.高等职业教育与经济发展的关系及调适[J].华南理工大学学报(社会科学版),2009(6):77-80.

一、新公共管理理论

20 世纪 70 年代末以来，西方发达资本主义国家纷纷实施政府改革。学界从不同的角度进行了深入研究，将这些政府改革称为“重塑政府运动”“企业型政府”“政府新模式”“市场化政府”“代理政府”“国家市场化”“国家中空化”等，以描述一种有别于传统公共行政典范的、新的公共管理模式。新公共管理作为一种新的管理模式，其理论基础与以往的行政理论有很大的区别[①]，传统的公共行政以威尔逊、古德诺的政治—行政二分论和韦伯的科层制论为其基础理论，而新公共管理则以现代经济学和私营企业管理理论和方法作为其理论支撑点。在公共选择和交易成本理论与新管理主义理论的基础上，新公共管理已经发展出不同方向的理论。总体而言，新公共管理理论包括以下六个方面的基本内容。

一是强调顾客至上的价值理念。新公共管理理论认为必须重新塑造政府与公众之间的关系，政府不再是发号施令的权威官僚机构，政府公共行政不再是“管治行政”，政府应该扮演以人为本的服务者，政府应以顾客需求为导向，尊重顾客主权，坚持服务取向，实施“服务行政”。公民不再是被管理者，而是享受公共服务的“顾客”。新公共管理强调顾客至上，政府行政实施突出目标导向，行政权力和行政行为必须服务于“顾客”的满意度。因此，政府应该以提供全面优质的公共产品、公平公正的公共服务为第一职责。受市场法则的启发，新公共管理认为政府应该扮演负责任的“企业家”，而公民则是其尊贵的“顾客”。作为“企业家”的政府要形成顾客至上的价值理念，不能以营利为目的，要把经济资源从生产效率较低的地方转移到效率较高的地方。由顾客驱动的政府是能够提供多样化和高质量的公共服务的政府。对公共服务的评价，应以顾客为主体，注重从顾客角度出发，通过顾客介入，保证公共服务的提供机制符合顾客的需要，从而使政府提供高效的公共服务。

二是政府职能由“划桨”转为“掌舵”。新公共管理理论认为政府在公共行

① 黄小勇. 新公共管理理论及其借鉴意义[J]. 中共中央党校学报，2004(3):60-63.

政中应该只制定政策而不执行政策，政府应该把管理和具体操作分开。《改革政府：企业家精神如何改革着公共部门》的作者戴维·奥斯本等人举了一个有趣的例子，认为政府应是“掌舵人”而不是“划桨者”，并将传统政府的低效归因于政府没有找准自身定位，忙于划桨而忘了掌舵，做了许多做不了、做不好、舍本逐末的事情。彼得·德鲁克在《不连续的时代》中提到，“任何想要把治理和实干大规模地联系在一起的做法只会严重削弱决策的能力。任何想要决策机构去亲自实干的做法也意味着干蠢事”。在新公共管理看来，政府“掌舵”的主要途径是重新塑造市场，驱使社会各个部门机构加快“划桨”。

三是在公共管理中引入竞争机制。新公共管理理论认为政府管理应该借鉴市场管理，广泛引入市场竞争机制，通过市场竞争，让更多的私营部门参与公共服务，不断优化公共服务的质量和效率，实现成本的节省。新公共管理理论认为，传统公共行政力图建立等级森严的强势政府，不断扩张政府的行政干预，反而降低了其效率，增加了成本。而引入竞争机制，以竞争求生存，以竞争求质量，以竞争求效率，竞争性环境能够迫使垄断部门对顾客的需求变化做出迅速反应。相对于动用政府本身的公务员来说，服务外包是政府提供高效公共服务的全新供给体系，通过市场测验可以判断出新政策的合意性。此外，合理规避风险，尤其是对政治风险的回避，是公共行政人员推行民营化的主要动机。

四是强调效率追求。重视效率是公共行政的出发点和落脚点。新公共管理在追求效率方面主要采取三种方法：第一，实施科学的绩效目标控制。与传统公共行政重遵守既定法律法规、轻绩效测定和评估的做法不同，新公共管理强调实行严明的绩效目标控制，即确定组织、个人的具体目标，并根据绩效目标对完成情况进行测量和评估。第二，重视实施产出。传统的官僚主义政府注重的是投入，而不是产出，只会按照预算使用每个项目的资金，对产出和收益不够重视。新公共管理吸收了交易成本理论的成果，重视管理活动的产出和结果，关注公共部门直接提供服务的效率和质量，主张根据外界环境以及不同的利益需求做出主动、灵活、低成本、富有成效的反应。第三，借鉴私营部门科学的管理方式。新公共管理提倡政府应该广泛借用私营部门科学有效的管理手段和经验，如加强人力资源管理、突出成本一效率分析、强调降低成本、全面实施质量管理、提高效率等。

五是改革公务员制度。新公共管理对公务员制度改革提出了一些思考，包括推行临时雇佣制、合同用人制等新制度，打破传统的文官法“常任文官无大错不得辞退免职”的规定，特别强调废弃公务员价值中立原则。新公共管理“主张放弃政府与逻辑实证论相联系的表面上的‘价值中立’(value neutrality)”，它正视行政所具有的浓厚的政治色彩，认为不应将政策制定和行政管理截然分开，强调公务员与政务官之间存在着密切的互动和渗透关系，主张应对部分高级公务员实行政治任命，让他们参与政策的制定过程，并承担相应的责任，以保持他们的政治敏锐性。新公共管理认为正视行政机构和公务员的政治功能，不仅能使公务员尽职尽责地执行政策，还能使他们以主动的精神设计公共政策，使政策能更加有效地发挥其社会功能。

六是塑造有事业心和有预见的政府。新公共管理认为“政府必须以收费来筹款，通过创造新的收入来源以保证未来的收入”①。政府还必须转变观念，把利润动机转向公众使用，把政府公共管理者转变为企业家，学会通过花钱来省钱、为获得回报而投资。此外，新公共管理还认为，传统公共行政只注重提供服务而不注重预防，不能及早发现问题、危机，导致不得不花更多的金钱、精力去进行治疗。新公共管理强调社会也需要预防，强调既要提供服务更要解决问题。政府应该把更多的工作放在预防上，一是投入少量资金做好预防，而不是花大量金钱去进行后期治疗；二是在做出重要决策时，尽一切可能考虑到长远利益。

二、公共产品理论

公共产品理论，是新政治经济学的一项基本理论，为正确处理政府与市场关系、政府职能转变、构建公共财政收支体系、公共服务市场化提供了理论支持。从公共经济学理论来看，社会产品分为公共产品和私人产品。萨缪尔森在《公共支出的纯理论》中定义了公共产品②，对于纯粹的公共产品或劳务，每个人消费这种物品或劳务不会导致别人对该种产品或劳务消费的减少。与私人

① 陈振明. 评西方的“新公共管理”范式[J]. 中国社会科学，2000(6)：73-82.

② 程浩，管磊. 对公共产品理论的认识[J]. 河北经贸大学学报，2002(6)：10-17.

产品或劳务相比较，公共产品或劳务具有三个显著不同的特征：效用的不可分割性、消费的非竞争性和受益的非排他性。而凡是可以由个别消费者所占有和享用，具有敌对性、排他性和可分性的产品就是私人产品。介于公共产品和私人产品之间的产品称为准公共产品。由于市场存在失灵的情况，市场机制难以在任何领域达到"帕累托最优"[①]，尤其是在公共产品方面。如果由私人提供部分服务，就不可避免地出现"免费搭车者"，从而导致休谟所指出的"公共的悲剧"，难以实现全体社会成员的公共利益最大化，这是市场机制本身难以解决的问题，因此，需要政府来提供公共产品或劳务。此外，由于外部效应的存在，私人不能有效提供服务，也会造成服务供给不足，这也需要政府提供相关的公共产品或劳务，从而解决市场机制的缺陷。

每个人都想不付或少付成本享受公共产品。只好由政府出面担当此职能，但公共产品价值如何确定？边际效用价值论赋予无形的公共产品以主观价值，从而使社会能采用统一的货币尺度去衡量对比公共产品的供应费用与运用效用之间的关系。公共产品理论还强调，按照效用—费用—税收的程式，税收是公共产品的"税收价格"，是人们享用公共产品和劳务付出的代价，从而将公共产品供应的成本和收费有机地联结起来。依据市场经济和公共产品理论，政府保障市场经济运行的外部环境，并在市场经济中弥补市场失灵，充分发挥填空补充、矫正和调节作用。在新公共经济活动中，政府为社会提供越来越多的公共产品和劳务，成为社会公共经济活动的重要节点。政府通过财政筹集收入和分配支出，进行资源配置和市场需求的调节，为社会提供公共产品和劳务。这就超越了亚当·斯密把财政理解为一种分配活动的范围，财政已经成为一种生产活动，使西方经济学尤其是财政理论有了突破性的发展。

影响最为深远的解决思路还有两种：第一，将公共产品供给的决定诉诸政治程序，用公众投票的方式解决，如布坎南及其"公共选择学派"[②]，不断拓宽公共产品理论研究的领域，突出了非市场决策研究，发展了公共选择理论。第二，克拉克和格罗夫斯等人尝试设计一种计划程序，鼓励公民个体基于自身利益去评价公共产品，即激励机制设计问题。

---

① 梅宇东. 帕累托最优涵义之辨[J]. 中国经贸导刊，2014(14)：57-59.

② 韩佩宏. 简析公共选择学派的主要理论——兼论其对当代财政理论的贡献[J]. 当代经理人，2006(5)：226-227.

公共选择理论成为现代微观经济学的重要突破。公共选择理论依托经济学，主要研究政府对公共产品的决策和选择，即非市场决策。公共选择的方式有直接民主、公民投票、代议制、集权式决策等，公共选择理论主张政府是一个负责履行公共产品生产的特殊部门。公共产品其他理论把公共产品选择问题看成一个社会福利函数的最优化问题，而公共选择理论则将其还原为一个社会利益冲突问题，这是公共选择理论与其他理论的最大区别，也是公共选择理论的优势所在。公共选择理论利用现代经济学的逻辑和方法来研究集体选择，这正是公共选择理论是经济学而不是政治学的原因。尽管名为“公共选择”，但其实质仍是建立在个人理性和个人选择基础上的。

从理论层面而言，政府按照社会福利最大化原则，运用财政手段开展税收，然后用税收收入提供公共产品。然而，在公共领域因为缺少市场机制，缺少公民偏好的显示机制，再加上人们有“搭便车”的侥幸心理，常常会隐瞒自己对公共产品的消费偏好，产生了“信息不对称”，而公共产品理论在“诱导人说真话”方面做出了贡献。美国经济学家格罗夫斯等人为了解决这个问题，从赫尔维茨的“激励相容”不可能性定理出发，按纳什均衡原则建立了一个经济机制，以解决“搭便车”问题。几乎同时，克拉克也提出了一种说真话机制即克拉克税，也叫克—格税。在博弈论方面，泰勒、沃德等讨论的公共产品博弈模型、斗鸡博弈模型丰富了不完全信息博弈的内容。

三、现代治理理论

治理(Governance)一词是相对于传统的统治(Government)而言的，20 世纪 90 年代后，经过西方理论家的使用和阐释、国际组织和西方国家的实践运用，治理成为西方学术界指导公共管理实践的一种新理论。①

治理在本质上是对政府失败和市场失灵的一种反映，它旨在弥补两者的缺陷，寻求两者之上的第三条道路；政府在治理过程中不是以权威的身份参与治理，而是以与其他团体、公民平等的身份去参与，与他们协商合作，共同治理。

① 俞可平.治理与善治[M].北京：社会科学文献出版社，2000：16-17.

它的根本特征是自愿性、一致同意、责任性和公开性、透明性。

治理理论的提出和兴起有其历史必然性，概而言之，与经济全球化、行政国家的困境以及行政改革的世界潮流是密切相关的。其兴起的条件和诱因有如下几点：一是世界经济一体化及全球化对公共行政管理的影响。二是行政国家的扩张造成的治理危机和困境需要新的理论和工具的创新。三是行政改革的世界潮流也为治理理论的兴起和传播提供了有利的背景和强大的动力。

治理理论的理论渊源：一是以极端自由主义为代表的当代西方哲学和政治思潮，主张消极的自由观和有限政府。二是公共选择学派，用经济学方法分析政治现象，得出了政府失败的结论。它是把经济学的工具和方法大量应用于集体或市场决策而产生的。三是后现代主义，张扬以不确定性、非中心化、小叙事、差异和分散等为主要精神的思维方式。

治理理论具有如下一些特征：一是对国家权力中心论的超越。国家已不再享有唯一的统治权威，这种权威是和其他主体共同分享的。二是对传统管理方式的超越。民主协商和谈判更多地取代正式的强制性的管理。三是各个治理主体以互信、互利为基础，以相互依赖为特征，追求共同利益，实现社会发展和公共利益最大化。

第二章

经济新常态对职业教育发展的内在要求

理论来源于实践，又能指导实践。无论是新公共管理理论、公共产品理论还是现代治理理论，都为经济新常态语境下的政府公共管理提供了新思路和新视角。职业教育作为政府公共管理的重要组成部分，如何在经济新常态语境中发掘可行的发展路径，是本研究的重点和难点。本研究认为，在经济新常态下的职业教育发展必须明确如下三点：第一，教育作为公共管理产品，是政府开展公共管理的重要部分。而职业教育作为与经济社会发展密切联系的一环，深刻体现了政府公共管理的产品属性。第二，职业教育是政府公共管理很重要的部分，职业教育发展意味着政府公共管理理念、思想和战略的变革。第三，经济新常态语境下，职业教育的发展离不开职业院校治理改革。职业教育的发展是职业院校治理变革的成果，探寻职业教育发展的同时，应该关注职业院校的治理变革。只有理顺了上述三点，才能更好地把握经济新常态与政府公共管理、经济新常态与职业教育发展的内在关系，才能更准确地理解经济新常态语境下的职业教育发展的内在要求和外在趋势。

第一节　经济新常态对职业教育发展的新要求

2010 年，我国国内生产总值超过日本，成为仅次于美国的世界第二大经济体，正处于经济大国向经济强国迈进的发展阶段。当前，我国需要大力实施创新驱动战略，加快从“中国制造”走向“中国创造”，不断促进产品的价值链与产业链的升级，经济的转型升级迫切需要适应新经济发展模式的中高端人才。具体而言，经济新常态对职业教育提出的新要求主要有以下四个方面。

一、经济社会产业调整对职业教育专业发展的要求

经济社会产业调整，对职业教育培养的人才提出了更高的素质要求。与此相应，对职业教育专业发展的要求转向创新驱动专业人才。因此，职业教育不仅仅着眼于为基层一线提供技术技能劳动力，更要着力于培养一大批以技术技能为主的创新拔尖人才，使他们能够将大量创新成果转化为现实生产力。这要求职业教育要更加重视中高端技术技能人才的培养，加大技术技能教育在人才培养中的比重，有效提升劳动者素质和创造附加价值的能力。

二、社会职业标准对职业教育专业课程内容的要求

在经济新常态的影响下，职业教育要稳定人才培养规模，同时不断提升人才培养质量，把更多的资源和工作重心投入职业教育的内涵建设中，不断深化教育教学改革，逐步提升技术技能人才培养质量。经济社会职业标准对高职内涵建设的核心要求之一，即深化职业教育专业课程内容与社会职业标准的对接，这是“基于职业标准的高职课程改革”的核心，也是职业标准“合法”与“合目的”的“课程化”处理，更是课程改革的思路与策略。转化是通过社会职业标准转化为高职课程结构、高职课程内容来实现的。

三、经济发展方式转变对职业教育教学过程的要求

新常态下经济发展方式的转变，既包含了粗放增长向集约增长的转变、外延增长向内涵增长的转变，还突出了用综合目标体系来考察经济运行情况、向经济增长的质量和效益并举转变、向知识经济条件下的发展方式转变。经济发展方式的转变对职业教育教学过程提出了新要求，对教师的角色定位提出了新

要求。教师不仅仅是知识的化身、教学过程的主宰，更是学生学习的引导者、组织者和合作者，这要求教师、学生、教材三者充分互动。职业教育要改变原来单向传播的学习方式，建立和形成以学生为主体的双向交流学习模式，不断适应经济新常态下职业教育的新要求。

四、职业资格证书体系改革对职业教育学历证书的要求

职业教育是实施职业资格证书制度的基础，职业资格证书制度在职业教育中发挥着指挥棒的作用。职业资格证书制度是就业准入制度的基础和条件，推行职业资格证书体系改革对职业教育学历证书的要求由“多”转向“实”。由此，职业教育质量考核必须以参与行业水平考试为依托，创新考核体系。职业资格作为行业企业对员工能否胜任岗位的基本判断，其证书体系去繁从简，使职业教育人才培养的基本指标更加明晰。

第二节　职业教育在经济新常态中建构新姿态

职业教育作为与经济社会发展联系最为紧密的一种教育类型，必须准确认识新常态、主动适应新常态、全面服务新常态，在新常态中建构新姿态。各级政府、行业、企业和学校要更加坚定决心，出台有力举措，改进工作作风，在各个方面、各个领域、各个环节全面推进职业教育改革和发展创新。具体可以从加快落实顶层设计、积极推进内涵发展、重点推进制度标准建设、建构现代治理体系等10个方面来予以推进落实。

一、加快落实顶层设计

当前，社会存在一种错误认识，把职业教育视为低层次的教育，认为普通教

育高于职业教育，这是不正确的。造成这种偏见的主要原因有二：一是对经济社会发展和教育改革创新的认识不到位；二是职业教育没有形成完整的培养体系，吸引力较低。在我国，职业教育不是一个教育层次，而是一种教育类型。因此，要加快完善现代职业教育体系建设的顶层设计，积极引导中等职业学校、高等职业院校、应用型本科院校合理定位、错位发展、办出特色、贯通培养，以便更好地适应经济社会发展的要求。

二、重点推进内涵建设

新常态下，职业教育不应仅仅注重规模扩张，更应注重内涵建设和质量提高，要积极引导高职院校把工作重点和资源配置聚焦到人才培养质量上来。第一，在职业道德培养上，要结合新时代的要求，不断改革思想政治理论课和德育课的课程体系和教学方式，重点培育学生的社会主义核心价值观。第二，在职业技能培养上，要拓展学生实习实训内容，强化以育人为目标的实习实训考核评价。

三、积极推进制度标准建设

职业教育的制度标准建设是一项复杂的系统性工程，要坚持教育和产业政策并举并重，加强综合协调和统筹管理，努力推进教育和生产过程相衔接、教育和劳动制度相配套、教育与市场评价相结合，切实推动管理方式转型，在行业指导制度、企业参与制度等方面取得突破，在院校评价、人事管理、绩效考核等关键方面取得成效、取得实质进展。

四、建构现代治理体系

政府加强现代职业教育的治理体系建设，充分发挥职业教育工作部门联席会议制度的作用，加强对职业教育工作统筹推进、协调管理。行业、企业要建立产教对话协作机制，提升行业指导能力，发挥举办职业教育的主体作用。职业院校要积极吸收行业企业人员组成学校理事会或董事会，不断推动行业企业参与职业院校治理的决策机制。同时，要进一步深化集团化办学，促进教育链和产业链的有机融合，推广现代学徒制和新型学徒制，实现校企一体化育人。

五、加强教师队伍建设

当前，职业教育“双师型”教师队伍建设还存在不少问题，主要表现为数量不足、结构不合理，这与加快发展现代职业教育的战略要求极不相符。加强教师队伍建设是一项系统工程，要建立健全“双师型”教师队伍培养培训体系，一方面挖掘内部潜能，健全完善师资培养培训机制，加大培训力度，形成培养梯度；另一方面引进外部人才，完善人才引进和兼职教师的相关政策，鼓励企业工程技术人员、技术技能人才到职业院校任教，积极探索人才培养模式改革。

六、大力开展继续教育

要进一步贯彻落实终身学习理念，在做好学历教育的基础上，高度重视面向人人、面向全社会的继续教育，把继续教育作为职业院校发展的重要抓手和重点任务，不断整合工作平台和教育资源，完善协作服务机制，在服务行业企业职工培训、满足社区建设和社会成员终身学习等方面，取得更大的进展。

七、完善多元投入机制

加快现代职业教育体系建设，不断提高职业教育在整体教育中的投入比重，完善政府稳定投入和社会多元投入相结合的经费投入机制，建立与办学规模和培养要求相适应的财政投入制度，建立健全鼓励民间资本和行业企业以及社会投资优惠政策，采取分类设定和落实职业院校办学标准，极大地改善职业院校基本办学条件。此外，还应进一步健全完善职业教育国家资助政策体系，促进教育公平，为事业发展提供有力的保障条件。

八、强化政策督导评估

发展职业教育是政府的重要职责。要更好地发挥政府保基本、促公平的作用，进一步强化对职业教育的统筹规划、规范管理和监督指导等。教育督导部门应建立健全督导评估办法，加强对地方政府及有关部门履行发展职业教育职责的督导检查，定期公布督导报告，将报告作为实施考核奖惩的重要依据。此外，还应加快形成行业、企业、用人单位和第三方机构等多方深度参与的质量评价机制，完善职业教育质量评价制度。

九、鼓励地方先行先试

我国在推进职业教育现代化过程中，应该鼓励地方先行先试，选择有基础、有条件、有需求的地区和领域开展试点，为职业教育改革提供经验教训和实践标杆。要完善顶层设计与地方实践相结合的协同创新机制，依托“一带一路”沿线国家，设立职业教育改革试验区和若干试点单位，鼓励试验区或试点单位大胆试、大胆闯，不断向构建现代职业教育体系聚焦，为完善职业教育国家制度提供更多的实践案例和典型经验。

十、扩大开放交流合作

随着我国综合国力不断提升和“一带一路”深入推进，职业教育要以更加开放的姿态、更加宽阔的胸襟，开展国际交流与合作，坚持“请进来”与“走出去”并举，积极成为国际事务的参与者，完善双边和多边合作机制，深化在发展战略、宏观政策和制度机制等领域的对话与合作；要积极成为国际标准的建设者，引进吸收先进理念、模式和方法，参与制定体现职业教育规律、具有国际水准的教育标准；要积极成为国际资源的提供者，加强职业教育国际援助，提高我国职业教育的国际影响力和竞争力；要积极成为中国企业和产品“走出去”的协同者，探索与之相配套的职业教育发展模式，注重培养符合中国企业海外生产经营需求的本土化人才。

现实篇

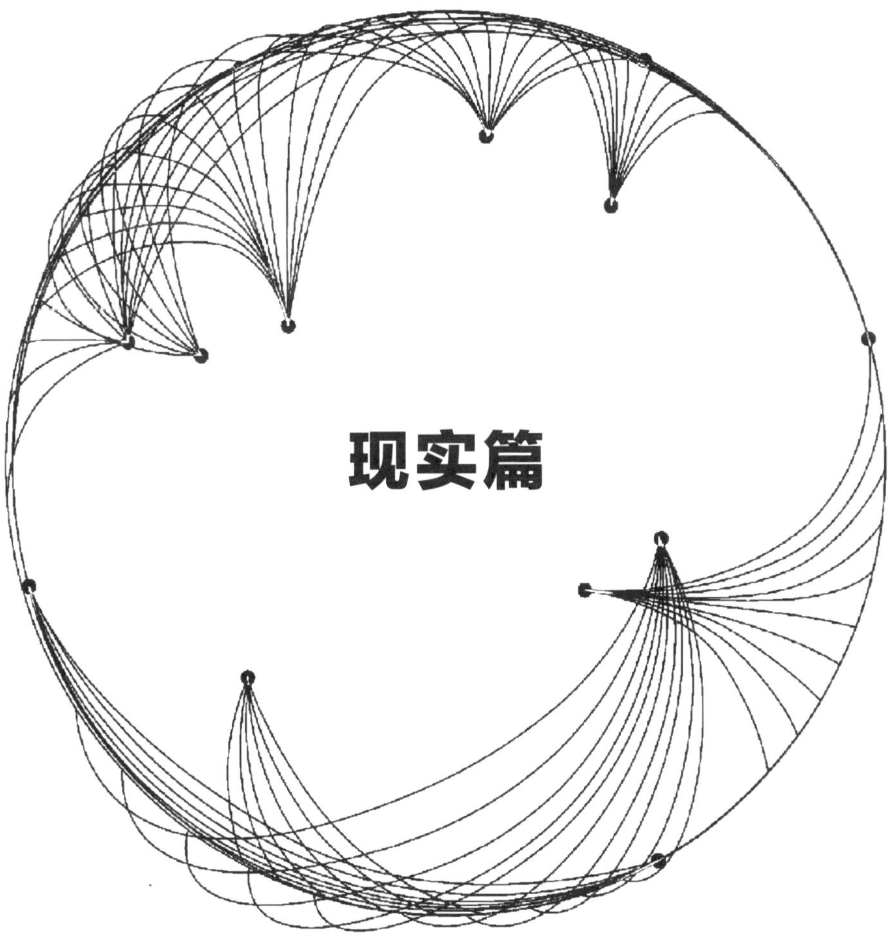

现代职业教育是顺应第一次工业技术革命的发展而产生和发展的，而现代工业技术革命诞生于欧美发达国家，所以欧美发达国家在职业教育方面远远走在我们前列。本篇即从考察德国、美国、英国和澳大利亚的职业教育经验入手，进一步对我国职业教育的现状进行考察，从发达国家的职业教育经验中汲取我国职业教育发展的营养元素。

德国“双元制”职业教育的特点在于办学体制灵活，治理机制规范；激励措施得当，保障机制健全；技术体系完善，产学研协同发展；政策供给充分，法律体系完善。美国“合作教育”的特点是：以市场需求为依据，形成自主办学体制；以市场为导向，形成有效运行机制；加强制度建设，建设教师团队，产学研协同发展；修订完善法律法规，构筑“合作教育”职业教育保障机制。英国“现代学徒制”的特点是：通过政府宏观管理，实现企业（行业）与院校积极参与的职教办学体制；企业与院校紧密合作，实现产学研协同发展；以市场为导向，建立评估体系，保证高等职业教育质量；出台政策并制定相关法律，构建职业教育保障机制。澳大利亚“TAFE”职业教育模式的特点是：形成以政府协作、行业主导，职能明确、各司其职的办学体制；建立以顾客为导向，以需求驱动市场的运行机制；建立参与机制，保障特性并取得实效。综合可见，发达国家职业教育体系的启示意义在于：办学体制灵活，治理机制规范；保障机制健全，兼顾多方需求；法律体系完善，产学研协同发展；课程设置合理，突出能力本位；建设“双师型”教师队伍，保证教师培训方式多元化。

反观我国职业教育发展历程的现实状况，虽然职业教育体系和职业教育层次逐渐完善，职业教育生源和职业教育师资力量等逐渐庞大，一些地区也进行了先行先试，试图探索职业教育的新模式和新方式，从而推动和服务区域经济发展，但是相较于发达国家而言，目前我国职业教育发展不均衡，亟须加强与完善体制机制建设；教育结构不合理，亟待探索实现高职教育多维度转型途径；利益相关者作用不均衡，亟要权衡多方利益，构建转型新模式。

对经验的分析越透彻，对现实的把握越精准，对转型发展的要求就越迫切，这一篇承上启下，为找到新的转型发展的路向和归依提供现实参照。

第三章

职业教育转型发展的国际经验

发达国家如德国、美国、英国、澳大利亚等的高等职业教育能够实现高质而卓越的转型发展，均是从各自特殊的历史背景和国情出发，不断探索和反复修订完善的结果。虽然他们各自的历史背景与国情不同，但也展现出一些共同的典型经验，如：探索建立和不断完善高职教育转型发展的政策与法律支持体系、经费投入机制；不断修订并构建完善的现代职业教育体系和“产学研”多元协同发展机制；确立严格的师资准入制度；提倡并加强职业教育的文化建设等。发达国家职业教育转型发展的典型经验，为我国职业教育转型发展提供了诸多参考与启示。

第一节 发达国家职业教育转型发展的经验

发达国家职业教育体系的形成与发展是一个不断完善、探索转型、形成体系的过程。德国职业教育体系的发展历程是战胜“综合技能”体系与经历“专业技能”体系的过程。最终形成的“双元制”职业教育体系是学校理论教育和企业实践培训相结合，以企业培训为主的体系①，其管理者职责分明、各司其职；培养方式多元化；教学体系明确；强调高职教师的实操技能、动手能力以及评价主体多元化。美国“社区教育”模式，其政府“购买制”为平民教育提供资金保障，董事会制度体现了民主开放的治理结构，由设在全美各地的民间性质的教育认证机构监控校企合作的教学质量，保障竞争的公平性。英国 BTEC 职教模式，课程设置以职业需求为依据，学生可以以课业成绩代替考试，学生的专业能力与通用能力得到了很大提升，因而培养的人才更符合市场需求。② 国家政策、法规的健全与完善，相关支持体系的建立等，为英国高职教育的有序、迅速发展提供了有力保障，使英国高职教育的经费来源有了保障，高职教育的地位也有了提升。澳大利亚的 TAFE 模式，其政府拨款的制度和职责明晰；以学生的实践能力培养为核心，建立了澳大利亚所有机构都认可的资格证书、学历、学位体系，起到了桥梁、纽带作用。

一、德国职业教育

作为职业教育与培训较为发达的德国，学生升学就业的主要渠道是职业教育，由此可见，德国职业教育在整个教育体系中的重要作用与地位。德国职业教育经历了萌芽、巩固和发展三个阶段后最终形成其高质的职业教育模式——“双元制”模式。善于思辨的德国人用“批判”的眼光，不断审视着这个让个人和国家都受益的职教模式。逆境中的反思，反思中的探索，探索中的改革和改革中的发展，在很大程度上实现了学校与雇主的密切合作，从而使德国获得了高质量的职业教育。这也是德国职业教育的独特之处与精髓。中世纪手工业培训的恢复和进修学校的诞生，是“双元”职业培训的最初阶段。第一次世界大战前，工业类型的学徒培训和职业学校的建立是“双元”职业培训的巩固阶段。德国经济的繁荣及其加速增长，大大刺激了对劳动资格的需求，即需要能适应新的生产方法的新型劳动力。在“科学管理”思想的影响下，职业培训机构进一步完善了职业培训机制，形成和进一步强化了培训体系，之后，新的资格培训类

① 景琴玲，王革. 德国职业教育体系透析与展望[J]. 国家教育行政学院学报，2012(2)：91-95.

② 陈芳. 英国 BTEC 职业教育模式探析[J]. 职业技术教育，2005(35)：115-118.

型——“双元制”体系产生了。借助工业的发展，借助企业、职业学校教师和国家行政官员的力量，最主要是借助行业协会的力量，通过制定相关法律法规，迎来了职业培训的新时代。政府的深度介入与职业培训存在的合理性得到社会认可，自此，“双元制”职业培训体系逐步完善。[①] 由此可知，德国职业教育经历了手工业培训到进修学校的诞生，再到职业培训的进一步完善并形成了较为科学与合理的职业培训体系，在此基础上产生了新的资格培训类型，最终形成了独具特色的“双元制”职业培训体系。

“双元制”职业教育是指学生在校内学习专业基础知识的基础上，再到企业（行业）进一步接受职业技能培训，从而实现企业（行业）与学校、理论知识与实践技能的有机结合。这其中的“一元”是指为学生提高操作技能提供培训基地和平台的企业（行业），而“另一元”则是指使学生掌握专业理论知识和普通文化知识的职业学校。学生一般每周在企业里接受 3～4 天的实践教育，企业的技能培训是“双元制”的根本，这种“双元制”模式培养的是具有较强的操作技能又具有所需专业理论知识和通识文化知识的高素质技术工人。德国高等职业院校“双元制”的特点表现在以下几个方面：立法推动“双元制”人才培养模式的实施；专业委员会制订教学计划，校企权责明确；建设“双师型”教师队伍，教师在职进修享有法律保障。其机制的基本特征主要体现在：管理者职责分明、各司其职；培养方式多元化；教学体系明确；强调高职教师的实践能力以及评价主体多元化。

（一）办学体制灵活，治理机制规范

德国实行的是“多元合作、企业主导、外部支撑” 的职业教育办学体制。德国职业教育由政府宏观管理，学校、行业主管部门和生产单位组织实施的治理机制，保障了德国职业教育的有效实施。德国的行业协会设立的职业教育委员会组建职教机构并履行相关职责，如制定相关规章制度，认定培训资格并进行相关咨询与监督。

德国职业教育强调终身教育的理念，即培训—就业—再培训—再就业。中央政府实行宏观管理和协调组织工作；劳动就业部门和各行业协会、各州政府、

① 陈光华. 德国“双元制”职业教育的发展历程[J]. 教育史研究，2000(1)：90-93.

各企业等为实施职业教育法各司其职。德国“双元制”职业教育体系满足了青年人的个人需求，即向青年人提供接受良好职业教育的机会，使其具有更好的从业前景，从而能独立地、负责任地确立自己的生活目标和生活道路。与此同时，这一体系也满足了社会需求，即为经济发展提供未来需要的职业专门人才，确保德国在世界经济中的竞争力，进而保证国民享有富裕的生活。①

（二）激励措施得当，保障机制健全

以“双元制”为主要特征的德国职业教育运行机制，是一套以激励、保障与监督为核心功能的独具职业特性与实效性的保障机制。

1. 采取激励措施，调动企业参与职业教育的积极性。德国的高等职业教育主要由高等专科学校和职业学院(BA)承担，以高等专科学校为主，校企合作贯穿办学的全过程。企业参与的积极性和主动性直接关系到“双元制”职业教育的实效性，更关系到经济社会的发展。德国政府采用一系列措施激励企业积极参与职业教育，为参与职业教育学习计划与培训工作的企业提供相应的资金资助。如果企业参与职业培训，便可以获得国家经费资助；学生在企业培训期间从企业获得的培训津贴远远少于工人的工资。企业还可以在培训期间选拔并接收适合相应工作岗位的优秀学员作为自己的员工。由此，这在一定程度上减少了劳动力开支，降低了生产成本，从而使企业在市场竞争中占据优势。这种激励措施大大提高了企业参与的积极性。

2. 通过立法，确保职业教育的运行秩序。职业教育的顺利、高效、优质运行离不开经费保障。德国职业教育的经费有政府颁布的系列法律做保障，各级政府和企业分别承担，通常是州政府负担教职工的工资和养老金等人事费用，地方政府负担校舍的建设、设备的维修费用和管理人员的工资等人事费用，企业主要负责培训设施、器材费用以及学徒工在整个培训期间的津贴和实训教师的工资等。

3. 建立监管体系，保障“双元制”职业教育取得实效。德国“双元制”职业教育有两大监管主体，分别是各级政府和协会。这两个主体在分工合作的基础上实现对职业教育的监管。而对于“双元制”教育中的企业培训，则由联邦实施监

① 姜大源.德国职业教育改革重大举措——德国新《职业教育法》解读[J].中国职业技术教育，2005(14)：59-61.

督。另外,对学徒的培训过程的监管由德国的工商协会来执行。工商协会还负责组织和实施企业培训的中期和毕业考试,并对合格者颁发职业资格证书。总之,德国工商协会全程参与企业培训资格的认定,参与企业培训过程中考试的组织和培训证书的发放等工作。

(三)技术体系完善,产学研协同发展

狭义上的产学研合作是指企业、高校和科研院所三方在合作的基础上发挥自身职能,从而实现资源共投、风险共担、优势互补、收益共享,并最终实现共赢。广义上的产学研合作则突出了政府的宏观调控和政策扶持,并在按照市场经济规律,遵循一定原则或机制的基础上进行合作,形成合作共同体,开展联合研发和创新,实现从知识到生产力的转化。①

1. 构建相应的组织协调机构。高职教育的发展需要相应的组织保障,从此促进校企合作。德国为保障企业与高职院校有效互动,特成立了各级组织协调机构。首先,以政府为主成立了职业教育委员会,调节并促进企业和学校的合作;其次,以企业为主成立了专业咨询委员会,为教学工作提供咨询服务等。

2. 组建国家级“职业教育创新团队”,搭建不同类型教育通道。为使职业教育能够更好地适应人口、产业、就业结构性变化,进一步贴近产业发展需求,并及时应对产业发展等给职业教育带来的挑战,需要在职业教育与职业继续教育、普通高等教育之间搭建通道与桥梁。

3. 修订需求导向的职业教育专业目录,开发相应的职教管理体系。德国职业教育专业设置紧跟国家精神与市场尤其是企业行业的需求。只要有相关会议精神出台,德国在职业教育领域一定会及时增加相关专业或课程内容,并对其高度重视,确保落在实处。

(四)政策供给充分,法律体系完善

德国“双元制”职业教育的良好成效得益于相关政策法规的出台与相关法律的不断修订与完善。这些构成了其职业教育的双重保障机制。

1. 制定相应法律法规,保障职教质量。企业参与职业教育的行为,企业与高职院校的有效互动,以及职业院校办学行为等需要法律法规来规范,这有益

① 于响生. 地方高校产学研合作模式及运行机制研究——以绍兴文理学院为例[D]. 杭州:浙江工业大学,2011.

于保障职教质量。德国联邦政府通过制定职业教育法、企业组织法等起到这种作用。

2. 出台多种优惠鼓励政策，提高企业参与职业教育的积极性。德国政府出台税收优惠、资助鼓励政策，保障企业在各种教育和培训中受惠；确立相应的学习位置、经费补贴标准和办法，并提供相应补贴资金或一定额度的资助，这在很大程度上提高了企业参与职业教育的积极性和主动性。

3. 设立有利于提高和改善职教质量的国家保障机构。德国联邦教育与研究部在德国联邦职业教育研究所建立了“德国国家职业教育质量保障与质量开发秘书处”(DEQAVET) 。它的建立旨在深化职业教育的质量保障与开发领域里的可持续发展合作，与此同时，它的建立也在很大程度上强化了德国联邦职业教育研究所在职业教育国际合作中的地位，加强了关于职业教育质量保障和开发方面的信息交流，并确定开展合作与开发的新领域。

4. 修订与完善职业教育法，扩展职业教育新空间；开发职业教育新形式；赋予职业教育新活力(精简职业教育相关管理与咨询机构来促进现代化)；构建网络化，制定职业教育新政策；促进透明化，公布职业教育新措施。

二、美国职业教育

美国19世纪初的教育与产业相结合的合作计划在一个多世纪的实践中不断充实与完善，并最终形成了高等职业技术教育模式——社区学院职业教育。美国职业教育思想发展经历了“民主主义”职业教育思想、“生涯教育”理念和“新职业主义”教育理念，最终形成职业教育理论与实践领域的学校到生涯理念(School to Careers，STC 理念)。在这种理念的指导下，美国的职业教育明确了发展方向，终身职业教育、全民职业教育、关注个体发展等都有了更好的发展。美国职业教育实现了将课堂上的学习与工作中的学习充分结合，理论知识也在现实中得到了实践。美国的这种社区学院职业教育实现了两个目的：一是学生能在学习期间掌握相应的专业技能，也为其就业做好了准备；二是为社区的相关行业或其他行业培养了合适的人才。美国社区学院职业教育主要为了实现两个目的：一是使学生掌握一门或几门专业技能和知识，为学生就业做准备或为在职人员提供知识更新的机会；二是为社区工业、商业及其他行业培养人才。美国社区学院“合作教育”人才培养模式的特点主要表现如下：一是政府介入推动产学研合作的开展；二是专业与课程设置多样化；三是理论学习与实践学习紧密联系；四是以专职教师与兼职教师为主要师资力量。20 世纪后期的“职业生涯教育”运动及 90 年代的“学校到工作”的运动，实现了学校教育与未来职业生涯发展之间的有效衔接，即其“整合与衔接”的核心思想，为此后的职业教育发展设定了方向。①

(一)以市场需求为依据，形成自主办学体制

美国作为市场经济发展较为完善的发达资本主义国家，其职业教育的发展离不开市场经济的条件与氛围。在这些因素的影响下，美国逐步形成了相对独立的职教管理体系，如负责行政管理、立法咨询的联邦教育部等。另外，各州根据自己的情况制定本州实施法案，起统筹协调作用。各地区政府相应的职业机关、董事会，发挥管理、业务指导职能。美国主要由两年制公立或私立社区学院、技术学院和非营利、营利的职校这两类机构实施职业教育。②

美国的职业教育由中等职业教育、高中后职业教育和高等职业教育构成，以社区学院为主进行的高中后职业教育和高等职业教育是美国职业教育的主要形式。从实施职业教育的主体社区学院来看，其办学是以政府为主的。其实施机构主要为综合高中、地区性职业教育中心、职业技术学校、社区学院和企业办培训中心或学校(如摩托罗拉大学)等。这其中一类代表社会，诸如联邦政府、州政府、地方当局、工商行会组织、工会、公司(企业)、其他社会团体，而另一类代表个人，诸如直接办学者和间接助学者等。他们在职业教育组织体系中所处的地位、承担的责任、发挥的作用、获得利益的方式等以及由此形成的职业教育运行机制，共同构成了美国独特的职业教育办学体制。

州政府和地方政府作为职教经费的主要提供者，直接进行其管理工作。经费主要来自税收，因此对公立学校而言，纳税人代表在职教委员会中占据重要地位，可以行使经费的管理权并加以监督。而由投资人组成的董事会有私立学

① 郑坚.“整合与衔接”理念下的美国职业教育改革[J].中国职业技术教育，2013(3)：76-80.

② 张佩.职业教育办学体制比较[J].职教通讯，2011(23)：29-32.

院的管理权与决策权，政府对学校的办学条件、专业设置、学校章程等提出要求并行使其相应的管理权限。

(二)以市场为导向，形成有效运行机制

美国职业教育公立学校经费的来源渠道主要有地方税收、州政府拨款、联邦政府资助、学生所交学费和其他收入等。私立学校的经费主要来自学生的学费，其次来自政府小额的补贴或有关公司和私人的一些资助。经费来源的格局直接决定了美国职业教育的管理制度和运行机制，即中央联邦政府引导、州政府和地方政府分级负责、重心在地方的管理制度和学校根据市场需求自主办学的运行机制。在这种运行机制下，多种资源的投入、学生的积极参与以及多元化的合作，是保障“合作教育”取得实效的重要途径。①

(三)加强制度建设，促进产学研协同发展

随着科技的进步和劳动力市场竞争的加剧，美国职业技术教育不断地进行着改革和创新。世纪之交，美国推出了一系列以学生为本的职业教育改革新举措，包括帮助学生提高学术和技能水平，简化学生深造学习的过渡衔接及提高教学质量等，以求切实有效地帮助学生迎接新世纪的挑战。

20 世纪 90 年代以来，美国进行了一场旨在从根本上改变美国教育体系、提升教育质量的改革。这场改革是对传统职业教育观念、范式和方法论的变革，它以整体性哲学为教育理念，运用整合与衔接方法，将课程整合、真实性教学和课程衔接统一起来，并设计了三个互相关联的(生涯学院、技术准备计划和全面的行业课程)、以整合形式为基础的职业教育发展模式。生涯学院是以“紧密结合的学习型社区”“与企业界的合作伙伴关系”和课程与教学的“整合”为特色。② 20 世纪 90 年代以来，美国的职业教育改革主要体现为更加重视学术教育、增强职业针对性以及注重就业与再就业的培训工作。③

20 世纪 90 年代，美国国会通过了《面向就业的教育机会法》，探索建立一系列制度化的培训体系，使高中毕业后未能进入大学继续深造的学生从心理

① 陈晶晶. 职业性与学术性并重的美国职业教育教学改革[J]. 教育与职业，2012(26)：21-24.

② 岑艺璇，谷峪. 20 世纪 90 年代以来美国新职业主义教育改革的特点[J]. 外国教育研究，2015(5)：48-57.

③ 刘春生，高玉鹏. 美国职业教育改革的新动向及启示[J]. 外国教育研究，2004(9)：58-60.

上、经验上和技术上做好进入市场的准备。美国职业教育经历了从STW(从学校到工作,School to Work)到STC的不断变革过程。STW体现了产学研的核心地位。在美国经济、文化的共同作用下,STC理念增加了STW的内涵,继承、巩固和发展全民职业教育的理念,将职业教育的关注点转移到学生个体,强调职业教育应该为学生的职业生涯发展提供多样选择,为学生的就业和继续接受教育做准备等。[①] 另外,STC继承了STW的课程整合理念,旨在帮助青年学生发现自己的特长,也更强调教育的个性化,使教育更能满足21世纪经济发展对人才的综合需求。[②]

(四)修订完善法律法规,构筑"合作教育"职业教育保障机制

美国教育改革实践已经证明,立法授权是实现改革成效的首要前提。通过立法建立国家、州和地方责任体系。[③]

1990年的职业教育法规定,联邦政府每年向各州提供职业教育专项补助经费。这些经费在引导各州职教的发展、改革方向和促进教育与培训机会均等目标的实现,以及激发各州重视职业教育等方面发挥了重要作用。20世纪90年代的法律法规的颁布,为行业的技术标准变成国家经济和教育政策的组成部分提供了保障。[④]

2012年,美国教育部职业与成人教育办公室发布的白皮书《投资于美国的未来:职业技术教育变革蓝图》提出,致力于建设严谨(rigorous)、联系实际(relevant)、以成效为导向(results driven)的职业技术教育新体制,以创建世界一流的教育系统,提供优质教育与培训机会,减少技能人才的短缺,推动产业增长,并鼓励新的投资和就业,激发技术创新,促进经济持续增长,最终重振美国经济,确保国家的美好未来。[⑤]

从1984年以来,美国联邦政府通过并颁布了一系列职业教育法案,推动了"新职业主义教育"的快速发展,实现了职业技术教育与普通教育的一体化,大大增加了劳动者的专业技能,实现了职业技术教育教师的角色和地位的转变,

---

① 石伟平.STW:世纪之交美国职业教育改革与发展策略的抉择[J].全球教育展望,2001(6):71-76.

② 顾月琴.从STW到STC:世纪之交美国职业教育改革探析[J].职教论坛,2013(3):90-92.

③ 陈晶晶.职业性与学术性并重的美国职业教育教学改革[J].教育与职业,2012(26):21-24.

④ 刘建同.美国职业教育办学体制浅析[J].中国职业技术教育,1999(1):52-64.

⑤ 牟晓青,于志涛.美国职业技术教育最新改革述评[J].外国教育研究,2013(3):55-62.

从而使职业教育更加关注学术基础与技能培训的结合，更加注重学校与企业的合作以确保职业教育的质量。① 总之，从整体上真正确保了职业教育的质量。

三、英国职业教育

英国职业教育体制在1991年前实施的双轨制，之后是高等职业教育。②英国20世纪50年代开始重视发展高等职业教育。英国的职业教育采取的是“工学交替”的人才培养方式，即学徒制。英国的现代学徒制是在传统学徒制的基础上实施的。现代学徒制针对的十六七岁的青少年，其目标是培养满足社会需求的技术工人。学生可以根据个人需求选择相应课程，并在国家指定的企业边学习、边工作。另外，英国制定国家资格职业证书制度，建立证书等值互换机制，将职业资格等级与工作岗位证书等级（大学学位）联系起来，为学生发展提供了多种可供选择的通道。除此之外，国家强有力的政策和健全的法规，为英国高职教育的快速发展提供了保障，不仅使英国高职教育的经费得到了保障，而且使高职教育的地位得到进一步提升。

（一）通过政府宏观管理，实现企业（行业）参与院校建设的职教办学体制

20世纪90年代，英国政府为了更好地促进教育部门、就业部门和产业部门之间深度合作，对相应管理机构进行改革，把董事会作为学校的最高权力机构并行使相应权力；政府拨款设立职业教育基金会，负责向职业院校拨款。随后英国政府在强化自身在职业教育方面功能的同时，加强了职业教育与产业的联系，突出了企业在教育与训练中的作用，企业对政府培训计划的参与使英国职业教育与培训制度向企业主导的方向发展。③

英国企业参与职业教育的主要途径有：一是参与职业教育的宏观管理和领导决策。英国企业直接参与职业学校的内部管理与决策过程，并制定职业教育政策法规，实现宏观管理，通过规范职业教育发展、推行职业教育培训等，使企

① 徐向平．美国新职业主义教育发展对中国当代职业技术教育改革的启示[J]．职教论坛，2014(21)：82-90．

② 张佩．职业教育办学体制比较[J]．职教通讯，2011(23)：29-32．

③ 邓志军．中外职业教育热点问题研究[M]．武汉：武汉大学出版社，2015：42．

业发挥宏观决策和导向作用。二是参与制定国家职业资格证书能力标准。明确要求企业在能力标准的制定过程中起决定作用，能力标准必须由企业来制定，并在全国得到认可。三是参与职业教育教学过程。英国企业积极参与职业教育的课程设计，企业利用自身的优势采用现场培训法、单元培训法、程序培训法等方法进行教学。四是企业直接创办职业技术学校。英国大企业、大公司不满足于间接地参与职业教育，而是根据自身需要，与政府合作创办与企业生产、经营基本一致的城市技术学院（CTC），学校成为企业的重要组成部分。①

企业参与职业教育的形式日趋多样化和普遍化。企业参与职业教育的种类增多；企业参与教育的方式呈现多样化，直接或间接；既以人力资源、技术资源的方式参与，也以物力资源的方式参与；既以合作、合资的方式参与，也以捐资、独资的方式参与。由此可以发现，英国企业参与职业教育的面广、形式多样、内容丰富、力度较大。②

（二）企业与院校紧密合作，产学研实现协同发展

企业参与职业教育，重视核心技能的开发研究。英国企业与政府都特别重视核心技能的开发研究工作，并将交流、数字运用、信息技术、与人合作、自我提高和解决问题六项能力定为核心技能。核心技能培训以各种形式融入各级各类培训中，主要应用在国家基础职业资格证书（GNVQ）教学中，并已经成为现代学徒制的重要组成部分。这种现象大大提高了青年人和从业人员的就业能力与抵御工作不稳定带来的风险的能力，也提高了其对未来社会和环境变化的适应能力。

企业参与职业教育更加重视科研成果的合作开发与应用。一是英国企业与职业学校建立合作关系，更加重视相互之间科研成果的合作开发与应用。二是英国企业与高等职业教育界开展了长期合作计划。英国政府支持和促进工业界与教育界的合作研究。三是英国企业参与了科学园区的创建，进一步促进了科研成果的应用。③

① 邓志军.中外职业教育热点问题研究[M].武汉：武汉大学出版社，2015：40-41.
② 邓志军.中外职业教育热点问题研究[M].武汉：武汉大学出版社，2015：42-43.
③ 邓志军.中外职业教育热点问题研究[M].武汉：武汉大学出版社，2015：43-44.

(三)以市场为导向,建立评估体系,保证高等职业教育质量

英国职业教育以市场需求为导向,构建了国家资格框架体系下的外部保障和内部保障相结合的职业教育质量保障体系。该质量保障体系主体职责明确,运行制度顺畅高效。一是英国政府联合行业、企业和院校,建立了一套以外部质量保障为准则,内部质量保障为主体的内外结合的质量保障体系,确保了英国职业教育人才培养的质量。二是英国政府通过建立国家资格框架制度体系,确保了学术教育、职业技术教育和资格证书建立联系的有效性与工作的实效性。总之,英国商业、创新与技能部,行业委员会,学院和社会形成了以市场需求为导向的技能人才培养标准,满足了社会和雇主对高技能人才的需求,有效保证了国家技能战略的运行。①

英国建立了自我评估和外部评估相结合的评估体系。英国的职业学院普遍建立"评分卡"制度来改进教育质量和应对质量评估。英国基本上每所职业院校都有一套属于自己的系统的质量保障运行机制。职业院校以经营为理念,全体教职工牢固树立经营理念和绩效观念,达成了以提高教学质量、提供高效服务确保学生规模,确保学生、家长、企业和社区满意度,从而保证教职工持续发展、保证学校持续发展的共识。他们是在自我评估的基础上进行外部评估的。英国政府对评估不合格的学校不给予相应拨款并取消其未来享受政府拨款的资格,直到它通过评估。英国政府设有专门的机构应对评估,以支持和服务学院改进质量。学习和技能改进服务局(Learning and Skills Improvement Service,LSIS)作为国家资助的专业机构,主要为学校管理者提供领导力和管理等相关培训,举办与学院发展紧密相关的特定活动,同时为教职工的发展和教育质量的提升提供相应支持。LSIS对评估结果为"需要改进"的学校提供专家咨询和具体指导,帮助、支持其改进不良领域。LSIS还提供一系列网上资源帮助学校改进质量。②

(四)出台政策并制定相关法律,构建职业教育保障机制

英国政府出台相关政策,扩大企业在职业教育与培训的政策、经费等方面的决策权。企业在英国继续教育学院中具有法人地位,在继续教育学院的政策制定

---

① 胡艳曦,曹立生,刘永红.我国高等职业教育校企合作的瓶颈及对策研究[J].高教探索,2009(1):103.

② 涂三广.英国职业教育质量保障体系:运行机制与实践思考[J].职教论坛,2014(9):86-90,96.

和经费管理中具有很大的决策权。另外，政府出台了鼓励企业参与国家职业资格制度建设的政策。如对录用证书持有者和实施教育制度有成效的企业，政府提供一定的优惠。制定相关法律，保障企业参与职业教育的实效性的主要途径包括：一是向企业征收地方税用于职业教育的法律规定，为职业教育的实施与开展提供了经费保障；二是企业参与中等职业教育的法律规定，以法律的形式确定了职业技术教育在中等教育和继续教育中的地位；三是对英国产业训练的质量和数量做了一系列的规定，使培训经费被更加合理、平等地用于企业培训。[1]

四、澳大利亚职业教育

澳大利亚"TAFE"（Technical and Further Education）职业教育模式经过长期的探索与实践，逐步形成了以政府保障、行业参与、科学的课程设置、灵活的培养模式、严格的职业资格认证制度等为主要特点的较为完善的体系。澳大利亚高职教育是建立在普通教育基础上、带有更多培训性质的教育形式。其教育主要机构是 TAFE 学院，即技术与继续教育学院。TAFE 学院是澳大利亚教育体系的重要组成部分，也是政府调节社会关系的"杠杆"。澳大利亚的高职教育人才培养机制的特点主要表现在：拥有职责明确的拨款机制；行业在高职教育中起着举足轻重的作用；以学生的实践能力培养为核心；建立了国家统一的证书、文凭和学位体系，使职业教育与普通教育有了一定的联系。

（一）形成了以政府协作、行业主导，职能明确、各司其职的办学体制

澳大利亚职业教育的行政管理体系由联邦政府、各州政府、地方政府和职业院校四个层面构成，其行政管理的组织机构人员主要由行业代表人员组成。澳大利亚联邦政府作为职业教育的宏观调控者，负责制定有关职业教育的大政方针，并规定和调整办学方向；制定证书和文凭的国家标准并提供巨额经费，保障职业教育与培训的开展等。在对职业教育的具体管理中，澳大利亚联邦政府职业教育与培训体系的核心机构——国家培训署（简称 ANTA）与各州政府设立的教育培训部分级负责，实施规范有序的职业培训管理，并预测未来劳动力市场需求的变化，即时提供最新的相关数据。

① 邓志军.中外职业教育热点问题研究[M].武汉：武汉大学出版社，2015：36-37.

职业教育与行业联系密切是澳大利亚职业教育的鲜明特色。职业教育的发展与人才资源的开发，对提高澳大利亚的国际竞争力有重要意义，企业界也充分意识到了这一点。澳大利亚国家培训署下设全国性行业培训咨询组织，各州/地以及 TAFE 学院都有自己的行业咨询组织。这些行业咨询机构在各企业、政府与企业、企业与学院之间起协调沟通的作用，协助政府提供最新的相关岗位能力要求及近期就业信息，以指导 TAFE 学院的课程设置，并帮助学生选择要学习的专业领域，参与从制定职业培训宏观政策、职业技能标准、职业教育质量评估到财政经费分配、课程设置等全过程。①

(二)建立了以顾客为导向，以需求驱动市场的运行机制

澳大利亚像英国一样，是把教育和就业的管理置于同一个部的发达国家。以政府协作与行业主导为其管理体制的澳大利亚职业教育办学体制，决定了其职业教育运行机制的特点。由政府全额拨款的澳大利亚 TAFE 学院，目前在以政府拨款为主的前提下，经费来源已扩展为证书课程计划专项经费、用户选择培训项目、培训招标项目和其他自己在国内外市场获得的完全商业运作的培训项目等四种渠道。

职业教育与培训系统要满足企业、行业对技能型人才的需求。具体国情等诸多因素导致了对技能人才需求的巨大变化。澳大利亚企业预测，澳大利亚经济持续增长面临的最大挑战就是对高技能人才的需求得不到充分满足。因此，职业教育与培训系统改革的动力之一就是解决所面临的技能短缺问题，建立灵活、反应性强的职业教育与培训系统，以适应工作世界的迅速变化，形成以行业和企业人才需求为驱动的培训市场。

澳大利亚采取以顾客和服务为导向的职业教育运行原则。澳大利亚把行业、企业、社会和个人都作为职业教育与培训系统的顾客。②《使澳大利亚技能化：职业教育和培训的新方向》提出，要更加以顾客为中心，形成完全依靠顾客驱动的职业教育和培训市场。③

---

① 吕红.澳大利亚职业教育的 TAFE 体制及其对我国高职教育的启示[J].职业教育研究，2006(10)：176.

② 吉林省职业教育考察团.成熟、开放与多元的魅力　澳大利亚、新西兰职业教育考察报告[J].职业技术教育，2008(21)：68-74.

③ 李玉静，孙琳.澳大利亚职业教育管理体制和运行机制的特点及启示[J].职业技术教育，2014(35)：89-93.

(三)建立参与机制,保障特性并取得实效

澳大利亚职业教育管理体制决定了其实现体系:一是澳大利亚职业教育行政管理的组织机构主要由行业代表人员组成,这让企业(行业)有了参与职业教育的行政管理和宏观决策的权利。二是职业教育的专业建设是由企业和学校共同完成的,企业积极参与专业设置和课程开发。三是参与能力本位职业教育体系和职业资格框架的构建。澳大利亚职业教育实施的是一种能力本位的职业教育,通过改革,逐步建立起完整的职业教育体系和全国统一的资格框架。四是参与职业教育教学过程的实施。澳大利亚企业行业支持职业院校实习及教学条件的改善,积极引导职业院校牢固树立起企业本位、学生本位的教学指导思想,使其逐步形成教学与管理职能相对分离的特色。五是充实、优化职业教育的师资队伍。澳大利亚职业教育的师资队伍主要由专职教师和兼职教师组成,企业界除积极加入职业教师的师资队伍外还安排各种企业工作活动,从而确保职业院校专职教师的教学不脱离企业实际。六是制定相关法律与法规,构筑职业教育保障机制。澳大利亚颁布的职业教育相关法规明文规定企业行业必须投资职业教育。澳大利亚职业教育强调职业性和应用性,适合企业行业生产和发展的需求,再加上政府对提供岗位的企业实行税收减免优惠政策,并为职业教育毕业生提供大量的就业岗位,其职业教育毕业生就业前景良好,就业率高。

第二节　发达国家职业教育转型发展的启示

一、办学体制灵活，治理机制规范

灵活的办学体制与规范的治理机制是高等职业教育实现良性发展的前提与保障。发达国家职业教育的成功转型与发展为我国职业教育的转型与发展

提供了参考与启示。通过对文献资料的分析发现，发达国家职业教育的成功转型与发展都有着灵活的办学体制与规范的管理机制。

诸如德国职业教育是由政府宏观管理，学校、行业主管部门和生产单位组织实施“多元合作、企业主导、外部支撑”的职业教育办学体制与治理机制。这不仅明确了各个利益相关者的职责与地位，也明确了其权利与义务，为其工作积极性提供了动力与支持。澳大利亚职业教育是建立在普通教育基础上、带有更多培训性质的以政府保障、行业参与为特点的职业教育形式。澳大利亚的高职教育人才培养机制拥有职责明确的拨款机制；行业在高职教育中起着举足轻重的作用；以学生的实践能力培养为核心；建立了国家统一的证书、文凭和学位体系等，保证了职业教育的地位。以“社区学院”为主要特色的美国职业教育，其办学以政府为主。其实施机构主要为综合高中、地区性职业教育中心、职业技术学校、社区学院和企业办的培训中心或学校（如摩托罗拉大学）等。这其中一类代表社会，诸如联邦政府等，而另一类代表个人，诸如直接办学者和间接助学者等。这种体制与机制保障了这两类举办者在职业教育组织体系中所处的地位、承担的责任、发挥的作用、获得利益的方式等。而英国政府为了更好地促进教育部门、就业部门和产业部门之间的深度合作，改革其管理机构并设立了学校的最高权力机构——董事会，为职业教育的发展提供了更多机会与平台。

二、保障机制健全，兼顾多方需求

职业教育的发展与成功转型需要在兼顾多方利益与需求的基础上，建立健全保障机制。没有对多方利益的兼顾，就无法保障职业教育的实效；没有健全的保障机制，也就无法满足需求，更不能推动职业教育的发展与成功转型。发达国家在推动职业教育的发展过程中，在兼顾多方利益与需求的基础上，建立了健全的保障机制，为我国的职业教育转型发展提供了参考。

诸如英国政府拨款设立与普通大学教育基金并列的职业教育基金会，负责向职业学校拨款；确保企业在英国继续教育学院中的法人地位，在继续教育学院的政策制定和经费管理中具有很大的决策权；制定相关法律，保障企业参与职业教育的实效性。再如以能力为本位的澳大利亚职业教育通过改革，逐步建立起完整的职业教育体系和全国统一的资格框架；逐步形成教学与管理职能相对分离的特色；重视充实、优化职业教育的师资队伍，如企业界除积极加入职业教育的师资队伍外还安排各种企业工作活动，从而确保职业院校专职教师的教学不脱离企业实际；制定相关法律与法规，构筑职业教育保障机制；政府对提供岗位的企业实行税收减免优惠政策；为职业教育毕业生提供大量的就业岗位等。而美国在自己相对独立的职业教育管理体系下由两年制公立或私立社区学院、技术学院和非营利或营利的职校这两类机构实施职业教育，这不仅明确了各方职责，也保障了多方利益。德国的职业教育不仅通过立法获得了经费保障，也为学徒在企业的实训提供了保障，更为重要的是提高了企业的参与意识与积极性；各级政府和协会是德国“双元制”职业教育的两大监管主体，在分工合作的基础上对其进行监管，完善的监管体系为德国的职业教育取得实效增加了另外一重保障。

三、法律体系完善，产学研协同发展

德国、美国、英国等均建立了一整套完整的法律法规体系，目的在于保障本国高职院校产学研人才深度合作的顺利开展，政府立法为高职院校的产学研人才深度合作的实施提供了有力的法律保障。各国政府根据产学研合作在实施过程中出现的问题，并结合本国经济状况和产业发展趋势，不断修订并完善产学研合作在法律法规中的条款，从根本上保证高职院校产学研人才深度合作的顺利实施。

现阶段，我国的教育法律法规制度主要涉及的是九年义务教育，而现代职业教育法律法规体系相对较为缺乏。我国政府可以借鉴国外产学研合作模式的先进经验，通过多种渠道和方式加强对产学研人才培养的宏观调控，引导产学研深度合作模式健康、快速、有序、高效地发展；政府可通过资金杠杆，向产学研人才深度合作倾斜，同时提供税收上的优惠政策，向为进行产学研人才深度合作提供便捷的行业企业倾斜，使行业企业在参与产学研人才深度合作的同时，能得到更多的政策优惠与帮助；政府可以设立产学研人才合作基金，并专款专用，对产学研人才深度合作提供宏观的政策保障；提供信息交流和共享平台，开辟更便捷、更宽、更广的信息沟通渠道，为我国高职院校产学研人才深度合作有序、稳步、健康发展贡献一分力。①

四、课程设置合理，突出能力本位

国外高职院校的专业课程设置以培养学生岗位胜任能力和综合素质为前提。国外高职院校主要面向行业企业，而行业企业在乎的是人力资本的投资，希望投资与收益呈正相关。国外高职院校在设置专业课程时很在乎课程是否实用，而判断一门课程是否实用的标准有两方面：是否以就业为导向；是否以培养学生能力为目标。如美国社区学院在编制专业课程时，会涉足各行各业，并根据各行业企业的特点和各专业课程教学大纲明确理论课和实习实训课的比例，注重学生职业技能的训练，使学生能够较好地掌握专业，满足社区或社会的需求。

而在我国，各高等职业院校很少与企业进行专业课程建设的探讨和交流，企业仅提供学生实习、参观的场地，而且学生去企业参观也主要是走马观花，同时企业认为学校收取学费，承担着培养学生的义务，而企业由于自身岗位数量有限和岗位的特殊性，不能为所有学生提供适合的技能培训，双重原因导致了应届毕业生初入职场时不能快速适应工作岗位的需求。我国高职院校专业课程设置应以就业为目标，以能力为宗旨，注重学生实操技能与综合素质的培养。

五、建设“双师型”教师队伍，保证教师培训方式多元化

教师是高校赖以生存的重要资源和源泉，优秀教师能给学校带来源源不断的生源和较好的口碑，世界各国均对高职院校师资队伍的建设给予了高度的重视，对从事高职教育的教师设置了较高的门槛：学历、职业资格证书和行业企业实践经验。国外高职院校的教师来源于两部分：专职教师和兼职教师。兼职教

① 任炜.高职院校产学研结合人才培养模式的研究[D].长春：吉林农业大学，2012.

师一般是有企业工作经验的人员，包括行业企业的高级技术工程师、兄弟院校的名师等。在国外，担任高职院校兼职教师也要符合国家标准，一般要求具有一定的工作经验，也要持有专业对口的职业资格证书，而且要有相当丰富的企业实践经验，能掌握企业生产、经营、技术改进等方面的最新信息。

我国政府应立法为“双师型”教师队伍建设提供政策保障与资金倾斜，激励高职院校大胆走出去，与行业企业、研究院、兄弟高职院校之间加强沟通，引入企业前沿的理念和技术，以促进各合作方共同进步；要重视高职院校教师的在职培训，对积极响应学院、省市级或国家级的培训项目的教师给予荣誉鼓励和物质奖励，提高教师的积极性，最终实现教师个人能力的提升。同时，学校与企业应该加强合作关系，教师为企业提供咨询服务，企业为教师提供形式与内容丰富、多样的实践锻炼或在职培训，提升教师的技能与素质，有利于“双师型”师资队伍的建设。①

① 段妍妍.高等职业院校产学合作人才培养模式的研究[D].南京:南京师范大学,2008.

第四章

经济新常态下职业院校发展的本土实践

发达国家的职业教育历程已经走过了几个世纪，而我国的职业教育历史较短。在这一背景下，我国职业教育处于什么样的发展阶段，呈现什么样的特点，存在什么样的不足，与西方发达国家相比我们的差距和不足在哪里，就是本章要分析的重点。在全面分析全国职业教育发展状况的基础上，选择重庆这一中国缩影特征明显与经济新常态特点突出区域的职业教育发展状况做典型样本分析，以加深对我国职业教育发展形态的了解与形势的判断。

第一节　经济新常态下职业院校发展情况分析与问题探讨

习总书记在2014年提出"新常态"这一重大理论新概念，即"不同以往、相对稳定"的一种状态，表现为经济发展的速度更加稳健、结构更加优化、创新驱动、提质增效。"新常态"如今被赋予了更多的含义和特征，并被广泛地应用于经济、文化、教育等各个领域。因此，可以根据《中国职业教育年鉴(2015)》和《中国职业教育年鉴(2016)》分析经济新常态下我国职业院校的发展情况，并针对职业院校发展存在的问题进行探讨。

一、经济新常态下高等职业院校发展情况分析

职业院校数量的变化能直观地反映我国职业教育的规模;职业院校的地区分布态势可以反映出我国职业教育的区域性差异;职业供求状况反映职业教育服务区域经济的能力与水平;学生结构与师生比结构的统计分析可以反映教育结构优化程度等。

(一)高等职业院校数量统计分析

《中国职业教育年鉴(2015)》中指出,教育部对2003—2013年全国职业院校数量的统计结果显示:职业院校总数呈现出前升后降的趋势,而高职院校总数则又呈现出逐年上升的趋势,其年均增长率为4.54%。另外,教育部对2005—2015年全国高职院校数量的统计结果显示:在此期间,高职院校数量呈现逐年上升趋势,2015年相比2005年增长了22.2%(见表4-1)。

表4-1　2003—2018年全国高职院校数量统计表

年份	2003	2004	2005	2006	2007	2008	2009	2010	2011	2012	2013	2014	2015	2016	2017	2018
数量	908	1047	1091	1147	1168	1184	1215	1246	1280	1297	1321	1327	1333	1359	1388	1400

资料来源:国家统计局、教育部网站

(二)高等职业院校地区分布统计分析

《中国职业教育年鉴(2015)》中指出,职业院校的地区分布的统计结果显示:中部地区的中职院校数量最多,而高职院校在东部地区占比最高(见图4-1)。东部地区依托其经济优势和区位优势,教育发达,高职院校数量最多。东部地区的高职院校约占全国高职院校总数的40.73%,中部地区的约占全国总数的33.61%,而西部地区的高职院校数量最少,约占全国总数的25.66%。这说明我国高职教育的发展在一定程度上存在着不均衡现象。但与2014年相比(见图4-1与表4-2),中、西部地区高职院校数量有所增加,高职教育发展不均衡现象逐渐缓解。虽然中、西部地区的高职教育发展较为迅速,但与国家和地区的经济建设与社会进步对高职教育的要求相比,还有较大差距。这需要中、西部地区高职院校不但要与本地区相关院校和行业加强交流与合作,更需要主动开

展跨区域合作，以“发挥优势、分工合作、资源共享、共同发展”为指导原则，逐步缩小与东部地区高职教育发展的地区差距，从而对本区域经济和社会的发展做出更大的贡献。

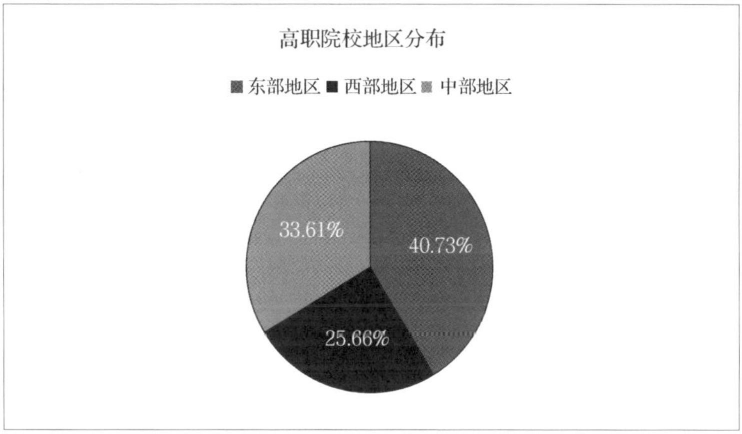

图 4-1　2014 年全国高职院校地区分布图

资料来源：《中国职业教育年鉴(2015)》

表 4-2　2014—2015 年全国高职院校地区分布情况统计表

地区		东部	中部	西部
2015 年	数量(所)	543	448	342
	比例(%)	40.73	33.61	25.66
2014 年	比例(%)	41.41	33.76	24.83

资料来源：根据教育部网站相关数据整理(转自《中国职业教育年鉴(2016)》)

(三) 全国职业供求概况统计分析

自 2014 年以来，从我国职业供求总体情况的统计分析发现，我国岗位需求超过求职人数的现象一直存在(见表 4-3)。由 2014—2015 年区域岗位空缺与求职人数的比率统计结果发现，中西部地区供求比要稍高于东部地区(表 4-4)。虽然求职者在中西部地区相对容易找到工作，但东部地区较高的薪资水平和发展空间却吸引了更多的求职者。

表 4-3　2014—2015 年全国职业供求总体情况统计表(单位:万人)

年份	需求人数（四个季度平均值）	求职人数（四个季度平均值）	供求比率（四个季度平均值）
2014 年	562	505	1.11
2015 年	508	465	1.09

资料来源:根据《中国职业教育年鉴(2016)》统计结果整理

表 4-4　2014—2015 年全国职业区域分布统计表

	东部地区供求比	中部地区供求比	西部地区供求比
2014 年	1.10	1.11	1.16
2015 年	1.07	1.12	1.12

资料来源:根据《中国职业教育年鉴(2016)》统计结果整理

(四) 高职院校学生结构统计分析

通过高职院校与普通本科院校在校生规模的比例来分析高职教育结构规模状况。2004—2013 年高职院校与普通本科院校在校生规模之比维持在 0.65～0.84,且总体上呈下降态势。这表明高职教育规模并未占到高等教育规模的一半以上,教育结构有待优化。

表 4-5　2004—2013 年高职院校在校生规模与本科院校在校生规模比例表

年份	2004	2005	2006	2007	2008	2009	2010	2011	2012	2013
比例	0.81	0.84	0.84	0.84	0.83	0.82	0.76	0.71	0.68	0.65

资料来源:由国家统计局网站相关统计数据整理(转自《中国职业教育年鉴(2015)》)

(五) 职业院校师生比统计分析

2004—2013 年中、高职院校师生比的数据统计结果表明,我国目前中、高职专任教师面对的学生较多,承担的教学任务更多;高职院校“生师比”呈下降趋势,表明在教师资源配置上,高等职业教育已经日趋合理有效。

表 4-6　2004—2013 年高职院校生师比例表

年份	2004	2005	2006	2007	2008	2009	2010	2011	2012	2013
比例	25.06	26.62	25.15	24.25	24.31	24.42	23.91	23.24	22.77	22.31

资料来源:根据教育部网站统计数据整理(转自《中国职业教育年鉴(2015)》)

二、经济新常态下职业院校发展问题探讨

我国职业院校发展情况的统计分析结果显示，目前我国职业院校发展在职业院校数量与质量、高职院校地区差异、高等教育结构、高职院校学生结构和学科学生规模、教育经费投入等方面存在问题，借鉴发达国家在职业教育方面的经验，分析探讨我国职业院校在经济新常态下的发展问题，将为我国高职院校的转型发展提供支撑与参考。

（一）职业教育发展不均衡，亟须加强与完善体制机制建设

职业教育发展存在的区域差异充分说明职业教育发展的不均衡。职业教育的均衡发展需要与区域经济相协调，更需要相关体制与机制的构建与完善。西南大学教育学部部长朱德全提出：首先，加强国家宏观调控与统筹，充分发挥地方政府的作用，明确管理主体和职权，并赋予学校相应的办学自主权，充分协调社会、市场、行业和企业等在职业教育管理体制中的关系。其次，建立和健全职业教育决策机制与相应的督导评估系统，充分调动企业等的积极性，对职业教育的人才需求预测、质量检测等具体工作进行指导、监督和评估。再次，加强立法，制定和完善相关的政策和法规，规范管理行为，为职业教育管理创造有法可依的理性环境，使职业教育管理走向法治化。朱部长还提出，职业教育与区域经济协调发展的体制机制需要避免管理体制"条块分割"、人才培养体制"脱离市场"、办学体制"封闭单一"。他强调，要创新高职院校体制机制，提升服务区域经济能力，即努力构建合作办学、合作育人、合作就业"三位合一"的高职教育模式。

从国外的做法中也可以获得经验。政府可以根据区域产业布局、资源分配，对一定区域内的职业教育资源加以组合或整合，促使高职院校的转型发展，如美国的"技术准备计划"与澳大利亚的新学徒培训制度。这两个国家的这两种做法，都是其政府为发展本国经济而设计的一整套宏观的职业教育发展指导方针，并为此而颁布或修订相关法律，或制订相应计划，以确保职业教育在本国教育发展中的核心地位。其实质都是把完成工作与有计划、有组织的培训充分结合起来，帮助学生更好地就业，并最终为社会经济发展提供专业技能人才，从而最大限度地促进本国经济有效发展。

(二)教育结构不合理,亟待探索实现高职教育多维度转型途径

从目前的数据统计分析来看,教育结构有待优化。高职院校在校生人数最多的专业具有时代性与地域性。如2013年在校生人数最多的专业是财经类专业,而目前由于"二胎"政策的放宽,有学前教育专业的高职院校其在校生人数最多的专业是学前教育专业。另外,目前在很大程度上受限于地域条件、办学基础等因素,高职院校在专业建设上只能推进差异化错位发展,集中优势资源去打造办学品牌。但针对教育结构不合理等现状,高职院校首先需要重构价值取向,实现从"服务地方"转型为"服务区域",并坚持职业需求导向的应用技术型人才培养定位;专业设置应强调应用型学科和职业性特点;建设理论素养与实践技能兼备的"双师型"师资队伍;培养高职人才浓郁的人文精神等。其次,需要优化自身发展目标,实现从"地方视域"转型为"国际视野",多学习借鉴发达国家的经验,真正活化运行机制,实现从"单独行动"转型为"集团发展"。最后,需要改革管理体制,实现从"直接管理"转型为"依法治理"。

(三)利益相关者作用不均衡,亟要权衡多方利益构建新模式

有研究表明,高职院校发展动力不足在很大程度上是利益相关者作用力不均衡、决策过程中利益相关者缺席等造成的。而发达国家职业教育的突出成效得益于对多方利益兼顾的体制机制。德国与澳大利亚的做法值得借鉴。从新常态下我国高职院校转型发展中各利益相关者发挥的作用角度看,市场、政府、社会等外部力量及高职院校的内部力量共同影响着高职院校的发展。优化高职院校发展的动力系统,需要建立基于整体效益共识的民主机制,促进多元利益主体合作博弈,实现利益相关者共同治理。

第二节　经济新常态下重庆市高职院校转型发展的实践案例

近5年来,重庆市职业教育共向社会输送毕业生110万人,职业院校毕业生已成为服务重庆地方经济发展的重要力量。按照规划,"十三五"期间,重庆

市将重点打造一批示范学校、骨干(特色)专业和优质教学资源,如建设与产业高度对接的高职骨干(特色)专业(点)1000 个、中职骨干(特色)专业(点)400 个,并进一步加大校企、校地合作,培育 10 个产学研联合体,建设 10 个示范性职教集团、50 个校企合作示范基地、20 个高职院校协同创新中心等。

一、发挥专业优势,探索院校转型发展新模式

重庆城市管理职业学院的社会工作学院,成立了相关的社会工作服务中心,承接政府购买公共服务与企事业单位委托服务,取得了良好的社会效益和公共效益,学生在学习中专业实践能力也得到了提升,实现了多方共赢的局面。这就是所谓的“校内办厂建站”职业教育转型发展模式。这一模式可以充分发挥高职院校专业技术优势,提高学生的社会适应力和实际操作能力。高职院校可以利用教育资源优势,成立企业或服务站,让广大师生加入企业的创办中,实行市场化运作。

此模式中,学院和自办企业都是培养人才的主体,学院与企业共同融理论与实践教学、职业技能训练与职业意识培养等诸多功能于一体,共建师资队伍、实训室、课程和合作课堂等。企业承接对外业务,让学生从入校开始就进入公司,成为公司的一员,具有学生和企业员工的双重身份,全面提升学生的能力,创建良好的创业就业平台,提升高职院校的教学质量。由于院校自办工厂的特殊性和风险性,校内工厂一般规模不宜太大,投资相对较少,可以考虑成立能够接受政府购买项目和承接外包业务的小型公司。

二、借鉴国外经验,探索院校转型时期人才培养新模式

职业院校在转型发展过程中,不断探索新的人才培养模式。把学生学习和工作相结合划分为在校学习和在企业工作交替进行的“工学交替”教育模式,在不突破现有学制的前提下,实现学习内容与工作范围实践的交替循环,保证学生的实践在正常教学计划和课堂学习的前提下顺利进行。

重庆三峡职业学院酒店管理专业，将“工学交替”的过程分为4个阶段。第一学期，学生主要在学校，到酒店以“看”为主。入学初期，请校内专家和专业负责人进行为期3天的专业教育，然后，组织学生到酒店企业进行一些常规的认知性实习，让学生初步了解酒店。第二学期，学生75%的时间在学校学习，25%的时间在酒店体验。学生在校内进行专业核心课程的学习以及专业技能的仿真模拟实训。每月安排1周的时间到酒店进行专项技能的训练。酒店安排资深从业人员对学生进行指导，使学生加深对专业核心课程的领悟，做到课堂知识与实践的有机结合。第三学期，学校学习与酒店实训各占一半时间，在酒店主要以“做”为重点。在此过程中，基于酒店企业的淡旺季实际情况，每月旺季安排两周时间让学生在酒店实习实训，淡季的两周在学校进行专业核心课程的学习和专业技能的实训。实训中以企业兼职教师为主，学校教师为辅，完全依照酒店标准在酒店进行实作。学校和酒店对学生进行双向考核。接下来的两个学期，学生全部在酒店顶岗实习。学生在酒店顶岗实习期间，享受酒店企业员工的待遇，实习带队教师和班主任随班跟进，让学生尽快适应职业岗位，为毕业后“零距离”上岗提供保障。学生顶岗实习期间以酒店考核为主，学校考核为辅。①

三、服务区域经济发展，实现职业院校转型新发展

高职院校不能仅限于与单个企业进行合作，更要与经济园区合作。高职院校和区域经济社会之间建立互动的良好发展关系，是促进双方共同发展的必经之路。高职院校充分融入区域经济，推动区域创新体系建设和社会发展，是产学研合作需要重点关注和解决的现实问题。各高职院校在进行专业布局时，应准确把握区域内经济社会发展走向及产业结构的发展态势，设置与区域经济发展相吻合的专业，从而促进经济社会和文化的繁荣发展，真正实现为当地经济建设服务的目的，也为自身的生存发展赢得更加广阔的支持空间。

重庆市产业园区涵盖地域广阔，已集聚了汽车摩托车、电子信息、装备制造、材料工业、天然气化工、能源工业和消费品工业等七大产业集群。产业园区

① 马茜. 高职酒店管理专业人才“校企合作、工学交替”培养模式实证研究——以重庆三峡职业学院为例[D]. 重庆：重庆师范大学，2011.

中的很多企业的自动化、一体化改造对复合型高技能人才产生了强大需求。企业生产精细化、规范化,都要求高技能人才除了熟悉专业技能外,还必须具备良好的外语能力、创新能力和强劲的学习能力,具备协作、沟通、交际和写作等多种技能,一定的管理能力也是对高技能人才的基本要求。高职学院以服务获得政府的政策支持;学院可以作为科技园董事长单位,利用政府赋予的权力,为相关企业提供优惠政策并采取激励措施。相应的科技园可以依托学院科技和人力资源优势,开展科技成果转化、学术研究、人才测评咨询等服务,最大限度地推进园区企业参与相关专业建设与发展的产学研合作教育工作。

转型篇

我国职业教育发展历程虽然较短，但经过两波快速扩张，我国高职院校与高职教育发展也呈现出一定的“超常规”特征。第一波是自1999年扩招以来，高职教育伴随着高等教育扩招，偏重外延式增长、粗放式经营、重点式分配，凭此实现了赶超式发展，很好地完成了高等教育大众化的使命。如今，我国经济发展已进入新常态，人口红利也在逐渐消退，从高等教育发展的内外部条件来看，“超常规”发展方式将难以为继。这要求高等教育及时向内涵式增长、集约式经营、均衡式分配的可持续发展方式转型，使之成为新常态，最终实现从高等教育大国到高等教育强国的转型。

因为我国高职教育观念和思维亟须扭转，办学体制和机制还有待进一步调整，治理机制也不尽完善，发展方式也呈现出千篇一律、同质同构等问题，所以，加强高职教育内涵建设，全面提高高职教育质量，适应经济新常态，仍是当前及未来较长一段时间内我国高职教育改革发展的核心主题。我国高等教育质量建设的主要任务是构建一套全新的、适应大众高等教育时代的高校内外部质量保障体系，进一步深化大众高等教育时代的高职教育办学理念、管理体制、办学体制、投资体制改革迫在眉睫。

本篇即以如何提升高职院校办学质量为出发点，通过办学理念、办学体制、治理机制和发展方式四个维度对高职院校转型发展的路径进行了分析，并进而指出这是我国高职教育和高职院校转型的关键所在。要以办学理念转型为首要，打破惯性思维，突出发挥办学主体、师资队伍与学生团体的地位和作用；要以办学体制改革为突破口，引入社会力量办学，实现混合所有制改革，实现产学研联盟一体化和价值最大化；要以治理机制转型为内生动力，兼顾内部治理与外部治理，引入社会评价机制，推动治理机制现代化；要以发展方式转型为良好契机，体现特色化发展优势，实现教育资源的合理化高效配置。

第五章

经济新常态下我国高职院校转型发展的模式框架

随着地区、行业和企业的分化更加显著，经济新常态强调的调结构、转方式、促创新，为我国职业院校的转型发展奠定了基本的模式框架。面对"三期叠加"的新形势，高职院校要从经济发展的阶段性特征与职业教育的固有规律出发，适应新常态，并保持战略上的平常心。要积极适应"新常态"，关键是要围绕"创新驱动发展"和"中国制造 2025"两大战略，进一步提升发展理念，转变教育方式，强化创新驱动，加快推进产教融合，全面提升高职院校的综合实力。

第一节　经济新常态下我国高职院校转型发展的框架结构

新常态下高职院校的转型发展是一个复杂的问题，关涉了高职教育系统本身及其与区域经济、文化、社会等系统的多方面的协调、磨合与发展。从新常态下我国高职院校转型发展的框架来看，新常态对我国高职院校转型发展的要求离不开指导思想的更新、目标定位的明确、战略布局的调整、推进措施的创新、保障措施的落实。本节对新常态下我国高职院校转型发展的整体框架进行了梳理与审视。

一、转型发展的指导思想

2014 年，国务院印发《国务院关于加快发展现代职业教育的决定》；2014 年 6 月 16 日，教育部、国家发展改革委、财政部、人力资源社会保障部、农业部、国务院扶贫办联合印发《现代职业教育体系建设规划(2014—2020 年)》；2015 年，教育部印发《高等职业教育创新发展行动计划(2015—2018 年)》。这些文件为职业教育的未来五年发展规划了路线图，而其核心均指向了中国特色现代职业教育体系的建立。在新常态调结构、转方式、促创新的要求下，高职院校转型发展应以建立中国特色现代职业教育体系为目标趋向，其指导思想应紧扣现代职业教育体系的构建要素与要求，坚持以立德树人为根本，以服务发展为宗旨，以促进就业为导向，深化体制机制改革，统筹发挥好政府和市场的作用。基于对新常态下高职教育发展中"新"字的解读，以"办学理念和内涵的丰富、专业课程与市场的紧密互动、教师教育教学理念与手段的与时俱进"为主要特征的高职教育转型，正面临由转型到升级的跨越式路径。

二、转型发展的目标定位

新常态下高职院校的转型发展应达到什么样的目的？涉及的转型层面应在哪些方面有所成就？抑或是转型结果应涉及哪些领域？转型结果预设哪些影响？以上问题均涉及新常态下高职院校转型发展的目标定位。目标定位的实质，就是为新常态下高职院校的转型设定应该达到的标准或效果。就高职院校转型发展所涉及的各利益群体而言，在设定目标定位时应充分考虑职业教育各利益相关者的看法，同时兼顾高职院校转型发展本身的目标，形成"主体一辐射型"目标体系，在纵向和横向、时间和空间上达到转型的最佳效果。

一是人才培养目标定位。经济发展的一般规律为：国家经济快速发展必然伴随着经济结构变化，继而要求劳动者结构做出相应调整，才能实现人力资源的优化配置。从产业结构看，2013 年我国服务业的比重首次超过了第二产业并呈逐年上升的态势，预计到2020年，服务业的比重将达到55%左右。[①] 此种经济形势客观上要求我们的劳动力结构要进入变革优化阶段，即劳动力中技术技能层的人才不断扩张增长，从而形成“两头小、中间大”的木桶状结构。当前哑铃状的劳动力结构对高职院校的转型发展提出了人才培养的定位要求，即在当前我国经济发展转方式、调结构、促升级的“换挡期”，培养知识技能型人才，助力企业技术技能创新、产品升级换代，实现高职院校的转型跟进，实现国家创新驱动发展战略目标。

二是办学体制目标定位。在经济新常态“创新驱动”的要求下，高职教育不同于培养学术研究型人才的学科教育。职业教育必须按照自身的规律、类别办出特色。然而，当前高职教育有的成为“中职教育的放大版”，忽视对学生职业素质与职业发展能力的培养，仅定位于培养“蓝领”；有的则将高职办成“本科教育的压缩版”，忽视对学生职业技能的训练与实操技能的培养，仅定位于培养“白领”。这种办学具体到体制目标定位上，应以企业参与高职办学为价值起点，积极探索办学体制转型的路径——混合所有制改革，把服务产业经济发展作为重要依归。

三是教育治理目标定位。在经济新常态对职业院校转型发展的启示中，突出的亮点在于“调结构”与“转方式”。职业院校转型发展的目标定位，不仅应体现在人才培养和办学目标上，更应体现在职业院校运行的方方面面。在“教育管理”向“教育治理”的转向中，当前职业院校的管理体制亦面临组织体系的僵化性、功能构成的冲突性、运行模式的封闭性等问题。新常态下职业院校治理目标应定位于治理理念从管理到服务、治理主体从单一到多元、权力配置从集权到分权、运行模式从封闭到开放。治理目标定位突出表现在以质量本位为治理机制转型的方向，以现代治理为治理机制转型的路径。

四是发展方式目标定位。高职教育的发展受到区域经济社会因素的制约。这就要求高职教育的发展方式要与之相适应，能够跟得上经济发展方式转变的节拍和步点。具体而言，高职教育发展方式的目标定位应从外延式发展向内涵式发展转型、增量式发展向提质式发展转型、准入式发展向汰劣式发展转型、自主式发展向合作式发展转型。[②] 由此，发展方式目标定位应尊重“三大差异”，

① 陈明昆. 中国经济转型期职业教育可持续发展研究[D]. 天津：天津大学，2010.

② 张健. 高职教育发展转型：意义、方式与路径[J]. 中国职业技术教育，2014(9)：5-11.

一是尊重区域差异，构建区域性合理布局；二是尊重产业差异，实现产业性合理配置；三是尊重传统差异，探索特色性合理构建。

三、转型发展的战略布局

面对经济新常态的要求与挑战，结合高职院校自身的实际情况，高职院校转型发展战略布局应趋向于区域的产业、行业的风向，实现既定环境和既定条件下的最佳布局。

一是树立区域经济意识，打造办学特色。高职教育的职业属性和产业属性，决定了高职教育具有服务经济发展，尤其是区域经济发展的功能。为解决办学特色不突出的问题，形成院校自身的核心竞争力，须采取以下战略：瞄准区域产业发展政策，加快专业调整步伐，做到重点专业建设与支柱产业发展、专业群建设与产业链发展的无缝衔接，提升职业教育发展的社会地位，进而争取更多的政府及企业资源，增强政府推动力和市场拉动力。①

二是积极改善发展环境，增强自我发展能力。面对政策法规制度建设滞后、市场体系发育不健全等困境，改善高职教育发展环境已成为目前高职教育转型发展的当务之急。(1)加强内涵宣传，改善舆论环境。通过政府、教育主管部门的政策导向、资金投入、宣传报道，树立职业院校模范典型，提高社会对高职教育发展的认同感。(2)改善投资环境，增强发展动力。建立高职教育经费投入增长机制，通过实施生均财政拨款制度，增强高职院校的发展动力；完善高职教育办学体制，鼓励多元投资办学，建立健全高职教育办学经费保障机制。

三是以“五个对接”为基点，实现产教融合。作为深化职业教育人才培养模式改革的基本要求，“五个对接”对应着产业、企业、行业、职业和实践“五个核心要素”，其中产业要素体现在专业建设上，反映高职人才培养的方向及路径依赖；企业要素体现在校企合作办学模式上，反映高职人才培养模式特点；行业要素体现在区域发展环境及其对人才培养的标准上，反映高职人才培养背景特色及职业能力培养要求；职业要素体现在课程建设内容上，反映高职人才培养目

① 施政政.新常态下政府推动产业转型升级的作用研究——以温州市为例[D].上海：华东政法大学，2016.

标、规格及就业走向；实践要素体现在教学过程与教学环节中，反映高职人才培养的能力本位。①

四、 转型发展的推进措施

新常态下高职教育转型发展的具体举措，应当朝向应然的目标取向，根据其战略布局，确定其达及的具体举措。

一是发展理念适应新常态。经济新常态下，我国高职院校发展理念的转型应从办学思路、指导思想、发展规划、教学风气、学习风气等方面深度转型。深化技术教育内涵，高举技术教育大旗，需在对学生的“能育”过程中，充分将社会认同、特色发展、创新发展、开放办学、健康发展的思路，落实在举措中；需以师资队伍建设、校园文化打造、发展规划设计、学习风气营造等方面为抓手，以转型为基础，实现发展理念从“旧常态”到“新常态”的转变。高等教育发展理念作为高等教育发展所应持的价值取向与理想追求，主要分为基于理论和表达价值的理念以及指向实践和重在操作的理念，应具适切性和开放性。

二是办学体制融合多元主体。经济新常态为混合所有制的改革提供了新的发展机遇与空间。鉴于高职院校混合所有制办学具有主体多元、产权明晰、资本关联等特征，面临教育公益性与资本逐利性的矛盾问题、国有资产流失的风险控制问题、公办高职院校混合所有制办学改革的动力问题，高职院校混合所有制的探索应从以下方面展开：多元办学主体，丰富高职院校混合所有制办学形式；明晰产权归属，完善高职院校混合所有制办学治理结构；完善顶层设计，破除高职院校混合所有制办学制度瓶颈，进一步延展、拓宽和深化办学体制的转型升级。

三是治理机制突出质量本位。只有实行科学合理的治理结构，才可以充分调动各利益群体的积极性，发挥他们的潜能，提高学校的办学质量与效益，高职院校的优越性才能真正发挥出来。树立全新的高职院校治理理念、构建有利于高职院校协调发展的治理机制、完善高职院校的治理结构、建立高职院校共同

① 陈昕昕.职业教育转型与政府的产业战略问题[J].职业技术教育，2012(13)：22-26.

治理的制度和模式、改进治理方式和手段成为高职院校治理转型与改革的重要路径。

四是发展方式尊重多重差异。高职教育发展转型的方式包括外延式发展向内涵式发展转型、增量式发展向提质式发展转型、准入式发展向汰劣式发展转型、自主式发展向合作式发展转型。聚焦到发展方式上,应在尊重区域差异、产业差异、传统差异的基础上,从转型的实践路径上:提高质量,解决办“优”的问题;校企合作,解决办“特”的问题;文化整合,解决办“高”的问题;创新驱动,解决办“久”的问题;产教融合,解决办“新”的问题。

第二节　经济新常态下我国高职院校转型发展的模式

从新常态下我国高职院校转型发展中各利益相关者发挥的作用角度,我国高职院校转型发展的模式可分为政府调控型、市场主导型、社会培育型三种。

一、政府调控型

政府调控型即由政府根据区域产业布局、资源分配,对一定区域内的职业教育资源加以组合或整合,促进高职院校转型发展,如美国的技术准备计划、澳大利亚的新学徒培训制度。其主要特点是由政府直接促成高职院校的资源结构调整,因而难点就在于如何协调资源之间的匹配关系。政府往往采取多种措施来保证高职院校的平稳转型。其生命力和成功度主要取决于政府的支持力度和支持时间。根据每个国家或地区各异的情况,政府扮演的角色和起到的作用也不尽相同。[①] 与角色相对应,政府对高职院校的调控程度也存在差异,也分别起到不同作用。

---

① 刘明策,刘志兵. 政府调控视角下国外职业教育集团化典型模式及对我国的启示[J]. 出国与就业(就业教育),2012(1):102-104.

(一)政府调控模式的内涵解读

政府的合理定位、调控得当是高职院校转型发展得以成功的重要基础。根据他国的经验,政府在高职院校转型发展中的主要作用不在于管理,而重在引导和调控。目前在我国高职院校转型发展的实践中,政府所发挥的作用,管理大于调控;在手段上,以单一的行政指令为主;在方法上,缺乏因“情”制宜、分别对待。

(二)政府调控模式案例:“国家示范性高等职业院校建设计划”

根据《国务院关于大力发展职业教育的决定》的要求,为在全国高等职业院校中树立改革示范,“十一五”期间开始实施“国家示范性高等职业院校建设计划”。该计划于2006年由教育部、财政部联合启动,按照“地方为主、中央引导、突出重点、协调发展”的原则,重点支持建设100所高等职业院校,使之成为发展的模范、改革的模范、管理的模范。该计划从2006—2010年实施,按年度、分地区分批推进,稳步发展。“国家示范性高等职业院校建设计划”中政府的突出作用主要表现在以下方面。

一是雄厚的资金支持。“十一五”期间,国家安排20亿元重点支持100所高水平示范院校建设,中央财政对入选示范院校实行经费一次确定、三年到位,项目逐年考核、适时调整的做法。

二是扩大办学自主权。“十一五”期间,教育部对100所高水平示范院校建设的支持,除资金外,还包括优先安排招生录取批次、鼓励开展单独招生试点等。示范院校跨省招生比例不低于30%,中部和东部地区示范院校对西部地区的招生比例不低于10%。

三是注重示范的辐射推广。该计划是由教育部和财政部于2006年联合启动实施的,初期遴选了100所高职院校进行重点建设。2010年在原有已建设100所国家示范性高等职业院校的基础上,新增100所左右国家骨干高职院校,以此继续推进“国家示范性高等职业院校建设计划”。

四是示范建设成果显著。首先,确立了“校企合作、工学结合”的改革方向,实践教学学时占教学总学时数的比例从40%~50%增加到60%~70%,其中学生有半年以上的时间在企业顶岗实习。其次,毕业生就业率和就业质量显著提高，与2005年相比，示范院校参加校内生产性实训的学生比例由不足40%提高到90%，参加半年以上顶岗实习的毕业生比例由68%提高到97%。示范高职院校毕业生越来越受到企业的欢迎，一次就业率超过96%。再次，灵活设置专业，提高了服务地区经济社会发展的能力，根据当地经济社会发展需求和产业升级调整要求，示范高职院校及时进行专业论证、更新与再建设，适应了经济结构调整与社会转型的步伐。最后，开展对口支援，推动优质高职教育资源跨区域共享。截至2010年，示范院校跨省招生比例已达30%，面向西部招生比例达10%，共支援西部职业院校421所，为对口支援院校培训师资1.3万人次，联合培养学生10余万人次，产生了显著的辐射带动效应。[①]

二、市场主导型

职业教育与产业经济良性互动，既是职业教育事业发展的良好愿景，也是政府产业战略规划的重要目标。市场主导型，该模式的牵头者主要是企业或行业，目的是培养企业或行业所需要的相关职业人才或技术人才，整个高职院校转型发展的运作核心是企业或行业，其经费来源也主要是企业或行业，政府只在其中进行必要的引导，如出台支持政策或奖励措施等。

（一）市场主导型的内涵解读

市场主导的最重要依托即行业、企业。行业、企业参与是高职院校转型发展成功的基本途径。高职院校转型发展应该积极探索与开发与行业、企业的合作途径。在这个知识与经济紧密结合的年代，学校不应闭门办学。与行业和企业甚至更多其他机构或团体深度而广泛地合作，才能保证培养质量。培养出的技能人才兼具校内文化知识和企业岗位能力，是理论与实践零距离结合的成果，也是教育与生产劳动相结合方针的切实体现。实践证明，这种制度培养出来的学生既有扎实的文化和专业理论基础，又有与岗位能力要求相对接的专业技能。这种制度培养出来的学生，企业满意、学校满意、学生满意、家长满意。

---

① 示范性高等职业院校建设计划实施工作办公室，上海市教育科学研究院高职教育发展研究中心.《国家示范性高等职业院校建设计划》执行情况报告[J].职业技术教育，2010(30)：31-32.

综上所述,令行业、企业自发地、积极地参与到职业教育高职院校转型发展当中,是高质量和高效率办学的一个重要因素。

(二)市场主导型案例:杭州职业技术学院的专业与市场对接

杭州职业技术学院是从杭州市机械技工学校发展而来的,先后荣获全国高职高专人才培养工作水平评估优秀学校、全国黄炎培职业教育奖“优秀学校奖”、全国教育系统先进集体、全国职业院校就业竞争力示范校等荣誉,是教育部“两大平台”(数字校园学习平台、高等职业教育专业建设与职业发展管理平台)和服装设计国家级专业教学资源库主持单位;2016年成为“国家优秀骨干高职院校”,学校整体办学水平位居全国前列。杭州职业技术学院的发展模式依托于其服务面向的区域经济结构与经济主体。杭州职业技术学院位于杭州经济技术开发区,据2008年调查数据显示,杭州经济技术开发区有世界500强企业32家,急需高技能人才8000多人,而杭州职业技术学院仅有3000多名毕业生。杭州职业技术学院的办学宏观定位为立足杭州、服务浙江、面向长三角,微观定位为立足开发区、服务杭州市,其办学属性为主动适应杭州经济社会发展、产业转型升级要求,调整专业结构。杭州职业技术学院专业设置的根本依据即为市场需求。

需要阐明的是,杭州职业技术学院虽为市场主导型发展模式,然其成长与发展并非未获政府支持或脱离教育行政机构的管理。从2007年开始,杭州职业技术学院明确市长作为学校联系人,负责协调解决学校建设发展中的重大问题,政府8亿多元专项投入加速了学校建设与发展。由此可见,职业教育不仅关涉一个国家的整体经济社会发展,同时也是一项公益性与惠民性极强的事业,当今世界各国政府均给予了高度的重视,并且在推动其发展的过程中发挥着不可或缺的作用与影响。[①] 因此,从这个意义上讲,并不存在完全意义上的与“市场主导”相对立的“政府主导”职业教育办学机制。由于各国不同的政治、经济、社会结构以及教育文化管理传统,政府对职业教育发展的干预以及介入程度呈现明显的差异。

---

① 喻忠恩.政府应如何主导职业教育[J].职业技术教育,2014(7):42-45.

三、社会培育型

新时期的社会培育指的是在和谐社会理论指导下，全面推进社会转型、社会整合和社会建设，以社会功能发育为重点，培育社会价值观，培育社会组织力，培育社会服务力，全面加强社会软建设，提高社会的组织度、成长度和成熟度，努力构建现代化、法治化的和谐社会。从这个意义上讲，培育就是建设，社会培育突出的是社会建设的进程性特征。社会培育着力于意识、功能与形态领域。

(一)社会培育型的内涵解读

社会培育有其具体、确定的内容，具体来讲指社会培育三要素，即社会意识，它是社会的灵魂与主导；社会组织，它是社会的构架与运作；社会环境，它是社会的关系与风气。也可以看作三个重要纬度，即思想纬度，提升思想要素，培育社会价值观；组织纬度，提高组织要素，培育社会组织力；环境纬度，提升环境要素，培育社会服务力。社会培育即新时期社会价值观培育、社会组织化培育、社会服务力培育。社会培育的出发点与归宿，是以人作为主体的建设，促进人的全面发展。

社会培育模式强调高职院校的转型发展受社会力量，包含高层次、低层次院校、行业产业、行政机构及其他社会力量之间的互相带动。其中，高职院校自身根据转型需要，吸收不同类型和层次的院校以及企业、行业、咨询服务机构对人才培养、学院建设的经验教训，通过衔接式转型、研发式转型和补充式转型等方式自主开展转型进程。其中，通过多所高职院校组建职教联盟机构的方式，推进高层次、低层次高职院校之间的经验分享、信息互通，从而充分借鉴示范性高职院校的先进经验，如荷兰农业职业教育高职院校、美国的社区职业院校及英国的城市技术职业院校转型发展等。

(二)社会培育型案例:杭州职业技术学院的跨界融合

职教跨界融合的主要特点是层次高的院校具有较强的主导性并推动着职业教育、其他产业行业的运作；充分发挥高职院校转型发展成员学校的优势，使各校教育资源在一定程度上能够共享共通，同时带动其他产业界的发展与创新。职业院校应主动向政府、行业企业进行产业规划、信息及政策咨询。此外，一些高职院校、企业行业、政府部门自愿组成职教联盟。其合作方式包括院校之间的合作、校企之间的合作，其关系松散性较大，各方没有绝对的管理权和领导权，联盟各方主要是为了完成共同的转型发展目标，按照协商的方案进行管理和运行，典型的案例是杭州职业技术学院的跨界融合。杭州职业技术学院除在课程设置中注重市场的需求与导向外，还从区校合作、局校合作、校企合作等方面，构建了从“服务企业”到“服务行业、院校”再到“服务社会”的广阔天地。

一是区校合作。杭州经济技术开发区与学校构建全面战略合作关系，成立学校发展委员会，开发区管委会主任担任主任；成立校企合作领导小组，开发区党工委副书记担任组长；共建高职学生创业园；共建“经济技术开发区产学研发展学院”，面向企业、街道、社区开展服务；共建经济开发区高技能培训中心，面向企业员工开展技能培训；开放校内所有资源服务社区发展，如校内的体育设施、运动场馆、会场等向开发区免费开放，学校图书馆也是开发区的公共图书馆。

二是局校合作。创新校内实训中心社会化体制机制，建成杭州职业技术学院实训中心暨杭州市公共实训基地，总投资 3 亿元，设备总值 1.7 亿元，建设成了国内一流的 7 个实训中心，79 个实训室，维管成本低，使用效率高，打造了公共实训基地的“杭州模式”。该公共实训基地由政府投资兴建和保障日常运作经费，由参与企业进行项目引入和设备更新，学校负责日常维护与管理、项目运作，由此形成耗材分担、无偿服务、学校维管、政府投资的局校合作模式。

三是校企合作，构建校企共同体。杭州职业技术学院以主导产业和主流企业为抓手，立足一个企业，面向整个行业。此外，在建设利益实体的过程中，注意保持二级学院人、财、物相对独立，使学校的二级学院成为企业的二级部门，即相对独立的“办学实体”是企业参与的重要条件。由此，校企共同规划、共同组织、共同建设、共同管理、共享成果、共担风险，大大拓展了校企合作的广度和深度。

综上所述，政府调控型、市场主导型、社会培育型并非完全割裂的三种模式，三者之间有诸多交叉的要素与内容，新常态下高职教育转型发展的关键不在于采用何种模式，而在于如何处理好三种利益相关者之间的关系。借鉴国外高职院校转型发展经验，在充分结合我国国情的前提下，组建职业教育联盟，实现职业教育资源的整合与共享，从而走出一条切实可行的职业教育高职院校转型发展的道路和以人力资源开发为中心的高端“游戏规则”。职业教育的“内生模式”要求职业院校必须果敢地放弃对政府的依赖，转而成为独立发展、自我约束的社会实体，通过对人力资源市场的理性分析及与产业界的有效合作来发展、壮大自己。①

第三节　经济新常态下我国高职院校转型发展的理论分析框架

新常态下我国高职院校转型发展并非职业教育内部割裂孤立的个体，而是社会整体改革发展的一个部分。因此，对新常态下我国高职院校转型发展问题的研究不能用单维视角，要以教育学、经济学、社会学、生态学、文化学、系统科学、信息技术学等多学科视角来对我国高职院校的转型发展问题与现状进行梳理，在此基础上探讨新常态下我国高职院校转型发展的多重理论基础，从多维理论视角探寻我国高职院校转型发展的内在规律。

一、新常态下我国高职院校转型发展的关键问题及其审思

(一)高等职业教育价值取向、社会功能问题

高职教育价值取向，是在主观符合客观的条件下的价值选择，回答的是高职教育的发展方向问题，同时映射高职教育的社会功能定位。基于高职教育关涉的多元主体进行分析，高等职业教育的价值取向应分为以下方面：一是社会价值取向：本体性价值与社会性价值的统一。二是国家价值取向：经济性价值

① 陈昕昕.职业教育转型与政府的产业战略问题[J].职业技术教育，2012 (13)：22-26.

与政治性价值的统一。三是地方政府价值取向:促进地区经济发展与转变地区人才结构的统一。四是企业价值取向:零距离就业与可持续发展的统一。五是个体价值取向:全面素质教育与专业能力培养的统一。①

高等职业教育的社会功能,尤其是经济功能的发挥,主要通过高等职业教育所培养的"具有较高科学文化知识的智能型应用人才、操作技能精湛的高级技艺型人才,或者职业综合能力宽泛的复合型经营、管理人才"在社会生产中发挥作用来实现,发挥作用的前提条件为高职教育与生产岗位的高度结合。然而,当前职业教育与社会生产之间的结合还不够,社会生产岗位与高职专业之间的割裂使高职教育的社会功能无法充分发挥。此外,在当前新常态倡导的"质重于量"趋向下,高职教育的发展应注重质量本位与人本发展。在当前职业教育工具理性的影响下,高等职业教育在教育教学实践与转型发展中均出现了物本主体、以技术为中心的片面视角,人的发展被逐渐物化,致使被物化的人沦为经济社会发展的工具,导致职业教育所培养的人沦为社会与经济发展的附庸。

(二)高职教育的"新常态"环境、人力资本、规模效益问题

经济新常态下,我国高职教育的发展步入了新的发展阶段。我国高职教育发展的改革取向、模式选择、政策措施遭遇理论、政策、社会环境的"天花板",体制机制创新压力增大。高职教育发展亟须从"规模扩张"向"质量提升"转变。我国高职教育内涵的建设仍将以提升高职教育的社会地位、改善高职教育发展环境为重要基础,以专业建设和教学改革为关键内容,以课程建设、教材建设为主要抓手,以师资队伍建设为重要支撑,以信息化、国际化为主要手段。②

据此,高职教育长期以来由于统筹不力、规划盲目、管理混乱所造成的"无法上规模"或"盲目上规模"的发展方式,已成为阻碍高职教育转型发展的关键问题。在经济新常态环境下,从"规模扩张"向"质量提升"转变,要求高职教育转变发展方式,在"质"上下功夫。从本质上讲,对人力资本的充分挖掘是实现高职教育转型升级的根本问题。然而,当前"重普教轻职教"的教育文化环境,使高职生沦为高考的"弃儿",高职院校成为"差生收容所",从而导致高职教育

① 易兰华. 高职教育的价值取向研究[J]. 成人教育,2006(12):17-19.

② 张铭. 新常态下高职院校内部治理能力提升的路径[J]. 哈尔滨职业技术学院学报,2016(3):11-13.

的人力资本总体水平偏低。

(三)高职教育转型发展中的公平与秩序问题

高职教育是一种有分配作用的公共产品,高等教育公平是社会公平的必然要求和重要组成部分。基于公共产品的基本属性,根据罗尔斯原则,高等教育公平应该遵循“普惠”和“差异”并存,坚守“正义底线”与“差异补偿”并重①。经济新常态下高职教育的转型发展,要求高职教育向教育公平的方向迈进,然而职业教育本身的弱势地位,使高职教育扮演尴尬的“本科教育压缩版”或“中职教育扩大版”角色,高职院校的学生沦为高等教育中的“弱势群体”。

此外,在高职教育的转型发展中,“转”意味着旧有利益关系与利益分配的变革,关涉其中的利益相关者,必然面临利益、权利、权力的重新洗牌,因此,在高职教育转型发展中,必然面临“秩序”问题。由于当前职业教育各主体之间利益诉求的差异,各自秉持自我利益最大化的原则往往会使各利益相关者存在实质的利益冲突,与区域经济之间存在失序状态。

(四)高职教育转型发展的文化冲突、人才培养问题

高职教育转型发展中地方政府、行业企业、职业院校之间存在着文化主体价值冲突的问题。无论是价值观念、思维方式,还是从行为模式、处事风格,文化主体之间的价值冲突面临显著差异。企业的盈利化导向、政府的公众服务导向、高职院校的人才培养诉求均存在差异与冲突,这种文化冲突影响着高职人才培养的导向。

在高职教育中,技能文化与人文文化是互相冲突,却又互相依存的两种文化主体。人文教育是高教之基,技能文化是职教之本。在当前技能文化和效率取向的影响下,高职教育人才培养以高端技术型人才为目标,技能文化的影响占比与人文文化的影响占比不相上下,这使技能文化与人文文化在人才培养问题上呈现既相互融合又互相牵制的局面,亟须寻找平衡点,打破两者的错位与失衡。

---

① 陈潭,胡晓. 罗尔斯原则与高等教育公平的制度逻辑[J]. 现代大学教育,2008(4):1-6.

(五)高职教育转型发展中的整体性割裂和持续性不足问题

经济新常态下职业教育的转型发展是关涉颇广的课题,要求职业院校与政府、其他类型学校、企业、社会形成稳定、灵活、动态的能动系统,从而达成转型发展的持续运作与持存,规避短期效应、政策断层的危害。然而,在当前职业教育转型发展的关涉要素中,政府、学校、企业、社会之间的能动联络系统并未建成,各要素均处于无序与孤立运行的状态,由此,在经济新常态的背景下,职业教育转型发展的长远设计与规划难以实施与保障,极易造成政策断层、人员断层、行事断层,继而导致发展断层。

二、新常态下我国高职院校转型发展理论框架建构的分析逻辑

框架是分析复杂理论问题的重要工具。[①] 要系统地检视新常态下高职教育转型发展中的理论问题,就需要建构一个高职教育转型发展的理论分析框架。

如图 3-1 所示,新常态下高职教育转型发展的理论分析框架由两大部分组成。首先是新常态下高职教育转型发展的基本问题,这是分析框架最终要解决的问题,分别是高等职业教育价值取向及社会功能问题;高职教育的“新常态”环境、人力资本、规模效益问题;高职教育转型发展中的公平与秩序问题;高职教育转型发展中的文化冲突、人才培养问题;高职教育转型发展中的整体性割裂和持续性不足问题。

其次是多学科理论范畴。每一个问题,都有其相对应的分析视角和分析理论,基于新常态下我国高职院校转型发展的问题系统,结合职业教育本身的理论范畴,可对应以下分析视角:教育学理论视角、经济学理论视角、社会学理论视角、文化学理论视角、系统科学理论视角。

---

① 朱德全.职业教育统筹发展论[M].北京:科学出版社,2016.

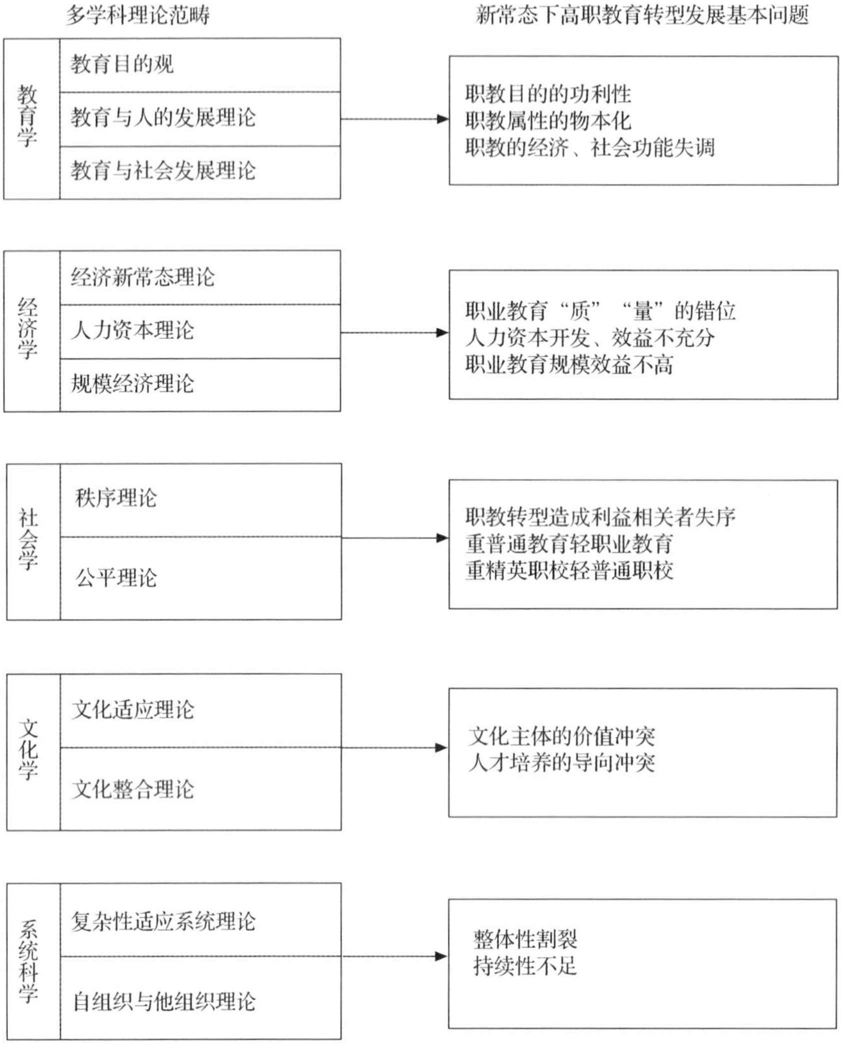

图 5-1　经济新常态下职业教育转型发展理论分析框架

经济新常态下职业教育转型发展作为一项综合性的改革，关涉到经济、社会、文化等各方面，因此，对职业教育转型发展的研究不能仅从单维视角出发，而应从多维视角，全方位地揭示经济新常态下职业教育转型发展的内在规律。

第六章

经济新常态下我国高职院校发展理念的转型

随着我国经济社会发展进入“新常态”，国家相关教育改革措施的推进和实施，高等职业教育和高等职业学校的发展也转入一个新的发展阶段，即高职教育发展的“新常态”。在职业教育“新常态”之下，高职院校发展理念面临着转型。规模庞大的高技术技能人才是实体经济健康发展的关键要素，也是我国建设工业强国的重要依托。职业院校面对经济发展的新常态，正视高职教育发展的新常态，实现高职教育的快速、高质发展，需要教育者从纷繁乱象中抓住根本，厘清思路，主动适应新常态，全面服务新常态，万变不离其宗，无论要坚守什么、变革什么，这一切都要从大学的基本功能谈起。

第一节　经济新常态下我国高职院校办学思路的转型

近年来，社会主义市场经济的建立为社会各行业的发展带来生机和活力的同时，高等职业教育的发展也面临着一些新的机遇和挑战。在这个社会面临转型、危机和挑战中孕育着希望和飞跃的特殊时期，许多高职院校都在积极探索改革创新的体制机制，加快发展现代职业教育，强化内涵发展、特色发展、创新发展。本节将结合职业院校改革发展实际，就如何打破高职现有的生存状态，重新确立一个新的坐标点，提出高职院校在新常态下如何发展的一些构想。

一、高职院校应优化氛围，强调优势，走社会认同之路

职业教育的社会认同是指社会公众包括职业教育的利益相关者对职业教育社会存在与价值创造的认同，同时在舆论评价、行为导向和教育选择等方面保持心理认可和理性接受。提高职业教育的社会认同度需要全社会切实转变观念，真正从思想行动上高度重视职业教育，多措并举，着力提高职业教育的利益相关者参与职业教育活动的积极性和主动性。①

一是优化职教发展氛围。通过现代媒体如报刊、广播、影视和互联网等，加大力度宣传报道职业教育在促发展、调结构、惠民生等方面的重大作用。同时，高职高专院校以及其他应用型本科高校，要专门培养强基础和重技能的职业本科生，满足高端制造业对高技术技能人才的需求。

二是打造中国职教品牌。打造中国特色职业教育品牌，精心培育“金牌蓝领”，不仅是增强实体经济核心竞争力的重要抓手，也是提升我国职业教育软实力的必然选择。职业院校要牢牢把握当前难得的发展机遇，增强创建职教品牌的意识，通过创新职业教育的教学模式、人才培养模式、管理模式和品牌文化，不断提高自身的综合竞争力。全力打造中国特色职业教育品牌，精心培育享誉全球的职业教育名校，培养大量高技术技能人才，助力我国经济发展。

二、高职院校应找准定位，做精做强，走特色育人之路

《教育部关于推进高等职业教育改革创新引领职业教育科学发展的若干意见》中，明确指出高等职业教育必须坚持以服务为宗旨、以就业为导向，走出特色育人的发展道路。尤其是在经济新常态的背景下，高职院校必须坚持以特色发展为引领，紧跟经济社会发展的新变化，进一步深化产教融合、校企合作，实现高等教育内涵式协同发展。

一是深化育人模式改革。随着社会的变迁发展，理论对于实践的指导在方

① 雷久相.适应经济新常态的职业教育发展研究综述[J].职业时空，2015(10)：1-4.

向上发生根本位移。社会大众也逐渐因为学校的“重学问化”而对大学生的能力产生了质疑。在这种情况下,2014 年国家教育部门提出“现代学徒制”,改革育人模式,目的重在加强学生的动手实践能力,培养创新应用型人才。学校通过与企业的合作,促进教师与技术精湛的师傅对接,共同培养出理论知识扎实、动手能力超强的优秀学生。同时,学校通过与企业的合作,也可以实现课程内容与岗位知识的对接、学习课堂与工作车间的对接、毕业证书与技能证书的对接、学习知识与社会实践的对接,从而提高学生学习与工作的质量。

二是探索混合所有制办学。混合所有制办学是指高职院校通过不同形式资本之间的相互融合和优势互补,充分实现社会资源的有效共享,是一种具备多元主体的新型办学模式。这种办学模式具备两个基本属性,即不同所有制资本的融合和多元投资主体,其特征就是使除学校外的其他投资主体参与办学,共同投入,共同招生,共同培养,共同管理,共同开发新专业,共同落实实践性教学,合作共赢,风险共担,打造多种形式的多元主体融合的新的利益共同体。① 通过将素质课程建设、学生社团建设与校园文化建设相结合,实施素质教育项目建设,瞄准“高素质、有特长”定位,大力促进素质教育取得显著成效,打造具有地方文化和职教文化、企业文化相互融合的校园文化,增强办学活力和育人实力。

三是推动新兴领域专业发展。李克强指出,推动新兴业态发展壮大,制订“互联网+”行动计划,促进云计算、大数据、物联网等与现代制造业结合,推动电子商务、文化创意、互联网金融等产业融合发展。高职院校要主动思考目前开设的物联网、云计算、电子商务、互联网金融等专业是否处于独立发展阶段,是否存在专业间交叉不够和关联性不强的问题,是否还存在新兴领域专业空白的问题,这就要求高职院校整合教师资源,积极拓展新兴领域专业,积极探索专业融合发展,积极推动新兴领域专业发展,以符合国家经济发展新趋势。

三、高职院校应厘清现状,寻求突破,走改革创新之路

随着产业转型升级发展进程的不断推进,高职院校通过培养高级技能技术

① 牛彦飞,吴洁,潘新民.高职院校混合所有制办学的实践探索与思考[J].教育与职业,2018(3):44-49.

型人才服务地方区域经济社会的发展。同时,高职院校通过服务地方区域经济的发展进一步提升自身的社会服务能力与人才培养水平。然而,目前多数高职院校并没有充分认识区域经济社会发展的需求,专业设置普遍缺乏市场导向性。①

一是高职院校必须以服务地方区域经济社会发展为宗旨,以培养高水平技术技能型人才为目标,以促进就业为导向,通过获得地方政府的支持加快与区域经济社会发展的对接。区域就业市场也会随着产业转型和产业结构的不断优化而发生相应的变化,随之而来的就是一部分就业岗位的缩减和新岗位的诞生,同时,部分岗位的就业要求也会随之发生改变。因此,这就要求高职院校在充分调研和预测区域产业的基础上,主动实现院内专业结构的优化调整,达到院内专业结构与区域经济结构的同频同步调整,为培养符合区域经济社会发展所需的专业人才而不断改革升级。

二是积极开展技术技能积累与社会服务,主动将技术产品研发、成果转化等与区域经济发展相结合,提高自主创新能力,增强核心竞争力。高职院校立足地方区域经济发展需求,创新校企协同的技术技能积累机制,积极与行业企业共建研发中心、公共实训平台、技能大师工作室等技术技能积累与创新载体;建立健全教师技术技能社会服务制度与政策,促进教师面向行业企业开展技术研究、技术改进、技术推广、产品开发的积极性不断增强;积极推进科技成果转移转化,使应用技术研发、创新人才培养、服务经济社会发展的能力不断提升;构建产教学研紧密融合的优质科教育人模式,在区域经济发展中发挥示范引领作用。

四、高职院校应谋求合作，借力发展，走开放办学之路

经济新常态背景下,高职院校的开放式办学模式日益在实践中得到认可和发展,开放式办学需要政府、社会、行业、企业的多方关注、参与与努力。高职院校通过主动对接区域经济社会发展的需求,实现产业、行业、企业三要素的高度融入,建立健全以政府为主导,以学校为主体,行业指导、企业参与的办学体制

① 丁金昌.基于产学研结合的高职教育办学模式探索[J].高等工程教育研究,2012(4):114-120.

机制，促进高等职业教育与区域经济社会发展的紧密结合，形成“校政行企”四方互惠的联动机制。[①]

一是政府要积极作为，促进高职院校开放办学。政府在参与高等职业教育管理的活动中，主要担任顶层设计和宏观指导的角色。政府的这种宏观指导主要体现在：其一，对高等职业教育的办学宗旨、办学总体方向以及办学重点等方面应给予政策引导；其二，在治理过程中，政府出台相关政策、法规明确各利益相关者的权责，明确校企双方的教育责任，以保证各治理主体相互协调合作发挥最大化的治理效能，帮助学校和企业在人才培养过程找准各自定位，建立激励机制鼓励企业参与职业教育人才培养；其三，真正实现“管办评”分离，打破政府管理、政府办学、政府评价的一体化模式，从而达到评估监督。

二是企业应转变观念，积极参与校企合作。企业在参与高等职业教育的活动过程中，主要担任参与者的角色。高职教育与企业行业是密不可分的共荣体，企业与高职院校间的联系也是最为频繁的。高职教育可为企业提供人才和技术，而企业的发展又会促进人才需求的增长，从而进一步促进高职教育的发展。企业具有技术、资金、人员、设备等优势，其作为人才培养的参与者，具体表现在：一是将企业文化、精神植根于人才培养始终，在润物细无声中培养学生的职业精神；二是作为协同育人的参与者，参与到单独招生的过程中，参与到教学、学生实践中等。

五、高职院校应积极培育，协调发展，走健康发展之路

“科学技术是第一生产力”，区域经济的可持续发展需要通过转变经济增长方式、科技进步和提高劳动者素质等途径来实现，而不是简单靠劳动力数量的增加和资本投入。高职院校作为区域经济和行业发展中人才和智力的重要来源，在高素质人才培养方面肩负着义不容辞的责任。高职院校作为培养职业技术人才的基地，必须紧跟经济发展新常态，充分利用国家各项积极政策，优化调整专业结构，力求新兴专业和传统专业的协调发展。第一，高职院校专业结构

① 李冬.经济新常态下高职院校发展探析[J].科教文汇，2015(4)：91-92.

的优化必须要考虑到当前经济的承受能力，瞄准市场经济发展的需求，及时调整专业布局，通过拓展新专业来满足新的经济增长点对人才培养的需求，改造和淘汰旧专业来发挥存量资本的作用，进而提高办学效益。第二，高职院校还可以通过师资培训来提升专业建设水平，高校一方面可以通过加大培训力度，提升各个专业方向师资的理论素养和知识水平；另一方面还可以积极与企业合作，与企业之间互聘互用，直接传授学生最前沿、最扎实的操作技能，增强学生专业技能的深度，不断提高学生就业的竞争力。第三，高职院校在巩固传统专业发展优势的同时，也应注重新旧专业间的均衡发展，对于新常态市场下需求比较广泛的电子信息类、金融类、服务类等专业要及时跟上，同时注重加快对相关专业领域师资队伍的选拔与培养。第四，高职院校要认真做实专业发展规划，在创新育人模式、强化师资培训及夯实专业基础上下功夫，通过校企合作、产教融合等途径不断拓展校外实践基地，并结合校内专业实训室深入强化学生的动手实践能力。第五，高职院校要充分发挥各系部的主观能动性，主动营造利于他们勇于担当、敢于创新、善于创新的政策和制度环境，按照权、责、利对等的原则，适度放权给二级院系，鼓励二级院系试点创新。①②

第二节　经济新常态下我国高职院校发展规划的转型

我国高等教育正处于深化综合改革、实现内涵式发展的关键期。党的十八大提出，要把立德树人作为教育的根本任务，努力办好人民满意的教育。十八届三中全会提出深化教育领域综合改革，要求高校创新人才培养机制，办出特色，争创一流。高等职业教育在我国经济发展方式转变和产业结构调整、人力资源强国建设和学习型社会建设中发挥着主力军作用，是实现国家富强、民族振兴、人民幸福的“中国梦”的重要支撑。

---

① 李冬.经济新常态下高职院校发展探析[J].科教文汇，2015(4)：91－92.

② 阙丽.经济新常态下企业参与高职办学的路径探究[J].厦门城市职业学院学报，2015(4)：12-17.

一、经济新常态下职业教育发展定位

基于对职业教育规律和本质的深入研究，根据其内涵和特征，有些学者提出以下观点：第一，现代职业教育的新常态是面向人人，是“人人皆可成才、人人尽展其才”的人民满意的教育；第二，现代职业教育的新常态是体现终身学习理念的全新教育；第三，现代职业教育的新常态是有效调整教育结构，与各类教育协调有序发展的教育；第四，现代职业教育的新常态是与现代经济社会相适应并同时服务于经济转型和产业发展的教育；第五，现代职业教育的新常态是促进依法治教并使建设法治中国重大战略不断完善的教育。①

经济新常态背景下职业教育改革的发展，一是依据产业结构变化的需要，加快课程体系改革；二是顺应就业结构变化的需要，加强就业指导和服务；三是契合国家创新发展战略，强化创新创业教育。经济新常态下职业院校发展方式实现根本转变的策略如下：一是实现由外延扩张向内涵发展的转变；二是实现由速度数量型向质量效益型的转变；三是实现由粗放管理向精细化管理的转变；四是实现由“大班化”教学向“小班化”教学的转变。②

二、经济新常态下职业教育发展思路

近年来，经济新常态下职业教育发展的路径问题备受学者关注。有学者从新常态下职业教育创新发展的基本思路提出，在职业教育办学模式上，坚持改革，实行全方位的开放；在职业教育人才培养模式上，要集中体现职业教育的“五对接”；在职业教育管理模式上，要重新认识“政府主导”功能，逐渐转变为“政府推动，市场引导”。有学者基于服务好中国经济发展“新常态”的背景，把职业教育的定力归纳为：定力之基——遵循教规，依法治教；定力之矢——服务发展，促进就业；定力之魂——生本至上，质量第一。③

---

① 陶林.高职院校要适应发展新常态[J].价值工程，2015(5)：252-254.

② 雷久相.我国经济新常态与职业教育发展研究综述[J].武汉职业技术学院学报，2015(6)：9-12.

③ 袁广发.经济新常态下高职教育发展路径探讨[J].高教学刊，2016(6)：173-174.

在经济新常态下，职业院校如何进一步提升人才培养、专业建设、课程建设等的质量？区域性、特色化应成为现代职业教育的新常态，要体现在立足服务区域发展，科学定位办学目标上；体现在主动对接区域产业，调整优化专业结构上；体现在人才培养定位上；体现在基于能力培养为本位的课程改革上。

(一)重构价值取向:从"服务地方"转型为"服务区域"

当前，"全球化"和"区域化"已成为世界经济发展的两个基本向度，我国实施的"一带一路"、京津冀协同发展、长江经济带等，将打造区域经济一体化发展新格局。在这种形势下，职业教育必须与区域经济一体化同步，从服务、服从于地方经济发展需要转向服务、服从于区域经济发展需要，随区域产业转移、人口流动而转变服务，实现跟踪服务。各职业院校应在保持地方特色、发挥优势的同时，依据区域统一的人力市场需求设置专业，通过实施跨区域校企合作、校校合作等措施，从更为开阔的视域谋划人才培养、实训基地建设以及招生、就业等职业教育发展具体事宜。①

(二)转变发展模式:从"内涵发展"转型为"内外并重"

职业教育发展从规模扩张向质量提升的转变，要求高职教育不断提升区域人力资本实力，构建从中职到研究生的现代职业教育体系，加强各层次职业教育与其他类型教育间的衔接与沟通，形成技术技能型人才成长的"立交桥"，促进经济社会发展由"人口红利"转向"人才红利"。加强区域职业教育体系建设，促进职业教育资源与劳动力资源依据市场规则合理流动。通过消除行政壁垒等措施，统筹开展农民工职业培训等工作，帮助农民工跨行政区域实现高质量就业。②

(三)优化发展目标:从"地方视域"转型为"国际视野"

经济新常态凸显了我国经济发展空间格局发生的明显变化，各地区协调发展、协同发展、共同发展的大势已成。职业教育发展的目标必须由地方视域转向国际视野，开展大交流、大合作，形成开放性职业教育新格局。可通过以下方面树立"国际视野"：一是利用我国职业教育的影响力和竞争力，加强国际援助；二是积极引进发达国家的优质职业教育资源；三是加快职业教育国家标准建

① 李玉静，孙琳. 澳大利亚职业教育管理体制和运行机制的特点及启示[J]. 职业技术教育，2014(35)：89-93.
② 杨运鑫，罗频频，陈鹏. 职业教育产教深度融合机制创新研究[J]. 职业技术教育，2014(4)：39-43.

设;四是鼓励部分实力较强的职业院校到国(境)外合作办学。①

(四)活化运行机制:从“单独行动”转型为“集团发展”

按照教育部等六部门颁布的《现代职业教育体系建设规划(2014—2020年)》,建设职业教育集团是今后一个时期职业教育改革与发展的一项重要任务。高职院校应从以下方面着手:创新职业教育集团发展机制,按照市场导向、利益共享、合作互赢的原则,吸引各类社会主体参与职业教育集团建设,促进教育链和产业链的有机融合,不断提升区域职业教育的整体实力。②

(五)改革管理体制:从“直接管理”转型为“依法治理”

加快现代职业教育体系建设,需要按照中央关于“推进国家治理体系和治理能力现代化”的要求,逐步“完善学校内部治理结构”,促进职业教育由政府“直接管理”转型为“依法治理”。正确处理好政府和市场的关系,“看不见的手”和“看得见的手”都要用好,努力形成市场作用和政府作用有机统一、相互补充、相互协调、相互促进的职业教育管理新格局。③

三、经济新常态下职业教育发展目标

“凡事预则立,不预则废。”学校发展的方向、目标、项目、策略、措施等都是各高校首先要明确的,高校要根据自己的特点,运用科学的方法,制定出科学性、实践性、先进性都比较强的学校发展规划,并与全校的师生员工一起进行论证,达成上下一致的共同愿望,产生强大的凝聚力和发展力。④

(一)在专业建设上要有新特色

专业建设作为高职院校特色办学的逻辑起点,是对接社会需求、主动适应经济发展和产业升级的桥梁和纽带。高职院校要建立产业结构调整驱动专业设置与改革的长效机制,紧贴市场、紧贴产业、紧贴职业,紧跟产业振兴、调整、

① 阙丽.经济新常态下企业参与高职办学的路径探究[J].厦门城市职业学院学报,2015(4):12-17.

② 黄聪英.新常态下我国职业教育的发展困境与路径选择[J].教育探索,2015(12):51-56.

③ 李晓红.我国高职院校创新创业教育发展的现状、问题与对策[J].中国管理信息化,2012(5):87-88.

④ 鄂甜.论“新常态”下我国职业教育转型发展策略[J].职业技术教育,2015(22):8-12.

升级、发展的步伐，构建常态化的专业跟随产业发展调整机制，集中力量办好当地需要的特色优势专业群，使学校专业与区域产业良性互动、同步发展。①

(二)在课程建设上要有新突破

课程建设作为高职院校教学内涵建设的重点，是提高教学质量的核心，是一项包括课程规划、课程编制、课程实施和课程评价等多个环节的难度很高的系统工程。② 当前高职课程体系还没有完全走出传统的学科型结构，课程结构不是基于工作过程来安排的，而是以知识传授为主要特征的学科体系，对职业能力培养和职业素养养成起不到主要支撑或明显的促进作用。在内容选取上，缺乏与行业企业合作，不能以真实工作任务为依据来统领、整合和序化教学内容；在教学组织方面，没有按照工作过程来进行课程整体设计、创设教学情境，明显存在理论与实践脱节，教、学、做分离的情况。③ 在经济新常态的新背景下，课程建设的重点在于课程重构和教学设计：第一，根据职业岗位的任职和专业技术发展水平要求，参照相关职业资格标准，确定合格的人才培养目标；第二，从职业岗位能力和职业资格标准分析入手，确定课程教学内容；第三，以能力为主线，进行课程重构和教学设计，构建与人才培养目标相适应的专业基础知识、实践能力和文化素质课程体系；第四，要积极开展创新创业教育，建设全覆盖、分层次、成体系的创新创业课程群，提升学生的创新精神、创新意识和创新创业能力，服务大众创业、万众创新。④

(三)在师资队伍建设上要有新举措

教师是学校理念、学校精神、学校内涵最直接的体现者和承担者，内涵发展是需要全员参与来实现的，学校必须为教师提供宽松的成长环境。一是完善教师成长平台，用好企业顶岗、技能过关测试、校本培训、国培和省培项目等培养培训组合拳，重点培养教学名师、专业带头人；制定“双师教师”认定标准，将教师企业锻炼、技能过关和指导学生实践作为“双师素质”认定的重要条件，打造

---

① 王博.以专业建设为抓手 提升高职院校核心竞争力——基于《高等职业教育创新发展行动计划(2015—2018年)》的思考与体会[J].中国职业技术教育，2016(5)：5-9.

② 柳琼. 增强职业教育服务能力问题研究[J].科学致富向导，2011 (20)：186.

③ 刘晓，石伟平.论高职院校的内涵建设：课程建设到专业建设[J].河北师范大学学报(教育科学版)，2011(11)：89-92.

④ 冯新广.经济新常态下高职教育内涵发展的战略选择[J].高等职业教育(天津职业大学学报)，2015(5)：41-45.

一批真正意义上的大师、能师、名师和技师。二是推进教学团队建设。改变传统的专业教研室模式，根据实际产业发展变化带来的技术发展和岗位变化，调整组建教学团队。团队更多关注的是产业中的技术发展和变化，使教师更加贴近技术发展和市场变化的前沿。三是激发教师成长的内生动力，制定好教师评价标准，定期开展评比活动，发挥好导向作用；完善教职工绩效考核，体现多劳多得，优劳优酬，在评优树先、职称评聘等方面提供公平竞争的平台。①

（四）在校企合作上要有新思路

高职院校要不断深化产教融合、校企合作，探索混合所有制办学、现代学徒制等人才培养模式，推进校企协同育人。研究建立合作企业准入标准，设立合作企业的门槛。要在“深”字上下功夫，把企业生产实践资源有效转化为教育教学资源，从招生到人才培养到就业的全过程，从教学资源开发、课程建设、实训室建设、师资队伍建设到学生实习就业的全方位，都要努力让企业参与进来，通过校企合作为工学结合的教学改革提供平台和资源。

（五）在加强内部治理上要有新方式

完善治理结构，提升治理能力，是现代学校建设的基本内容。一是抓紧制定学校章程。以章程为基础，设计层次清晰、相互衔接的制度框架，形成以章程为核心的系统完备、科学规范、运行有效的制度体系。二是加快推进管理信息化建设，高标准制订和完善数字校园建设规划，做好管理信息系统整体设计，实现信息的高度共享交流和业务的高效流转协同，以管理信息化促进管理的科学化、现代化。三是完善内部质量保证体系建设。完善学校、院系和专业三级质量保证体系，构建质量过程控制与管理、质量评估、质量奖惩激励的三环节保证机制，实施常态化周期性的教学工作诊断与改进。②

（六）在社会服务上要有新作为

社会服务是高职院校的重要办学职能，高职院校开展社会服务，是区域经济社会发展的客观要求，也是学校自身生存发展的需要。高职院校要发挥自身优势，积极服务经济转型升级。一是坚持学历教育与非学历教育并举，广泛开

① 任婉玲，庄倩琳．“新常态”背景下高职院校师资队伍建设的思考[J]．昆明冶金高等专科学校学报，2015(4)：43-47．

② 邵会婷，闫志利．经济新常态下的职业教育发展范式转型[J]．教育与职业，2016(7)：17-20．

展职工继续教育，重点提高职工的职业理想和职业道德、技术技能、管理水平以及学历层次。二是深入开展校企协同创新，校企共建研发机构，以市场为导向多方共建应用技术协同创新中心，与行业企业共建技术工艺和产品开发中心，促进技术技能积累，服务企业特别是中小微企业的技术研发和产品升级。三是积极服务学习型社会建设，开展社区教育、老年教育以及各类长短期职业技能培训，为居民提供各种学习机会，成为面向人人的终身学习教育基地。当前，高职教育已进入内涵发展新常态，我们要把握发展形势，保持战略定力，增强发展自信，全方位提升办学水平，提高人才培养质量，提升社会服务能力，为经济社会发展做出不可替代的贡献。①

第三节　经济新常态下我国高职院校教师教育的转型

职业院校要准确认识新常态、主动适应新常态、全面服务新常态，把精心培育学生的职业精神和大力提高学生的技能素质摆在突出位置，加大经费投入，创新体制机制，建立符合我国国情的现代职业教育体系，为促进"中国制造"向"中国智造"跃升提供强大的人才保障。职业院校要深刻领会我国大力发展现代职业教育的方针政策，创新职业教育的体制机制，强化职业道德和职业技能教育，全面提高职业教育质量，培养更多适应经济社会建设一线需要的技术技能型人才。

"教育大计，教师为本。"教师是影响职业教育发展的核心要素之一，高等职业教育质量、水平、层次的提高，高素质技术技能人才培养能力的提升，急需大批优秀的职教教师。关注并主动适应、服务经济发展新常态，建设一支熟悉职业教育规律、思想政治素质过硬、师德高尚、业务精湛、结构合理、充满活力的高素质、高水平教师队伍，是适应经济发展新常态，培养高素质技术技能人才最重要的基础性工作。②

① 孙杏林. 经济新常态背景下提升职教区域服务能力研究[J]. 职教论坛，2015(17)：83-87.
② 李红. 基于区域经济发展的高职院校创新人才培养模式[J]. 教育与职业，2014(32)：41-42.

一、强化“双师型”师资队伍建设

教师是完成教育任务的主体，打造一支素质优良、结构合理、专兼结合、相对稳定的适应现代职业教育发展需要的师资队伍，是不断提高职业教育质量的关键环节。职业学校要有计划地安排教师到企业参加对口专业的社会实践或技术服务活动，鼓励教师取得相关职业技术等级资格证书或跨专业评定第二专业技术职称；同时，从企业中聘任具有实践经验的专业技术人员和技能型人才担任专兼职教师，开展争创师德标兵、最佳辅导员、青年教学能手活动，加强师德师风建设。把培养、引进与外聘结合起来，努力打造一支专兼结合、师德高尚、业务精湛、结构合理的“双师型”教学团队，为提升教育质量打下坚实基础。①

二、充实教育师资培养模式

按照发展现代职业教育的要求，加大师资培训力度，建立“双师型”职业教育师资培养基地，积极组织教师参加国家级、省级骨干教师培训和校本培训，更新教师理念，让教师及时了解和掌握职业教育发展的新动态、新趋势。同时全面实施旨在提高师资队伍整体水平的学历职称提升、企业挂职制度、名师团队建设、名师工作室建设、师德师风建设；建立和健全教师校企流动的良性机制，制定专业教师下企业实践锻炼的相关管理办法，强化制度建设，引导教师深入社会实践第一线锻炼提高专业技能，尤其是年轻专业教师入职前，通过职教集团、校外实训基地等渠道深入企业社会一线顶岗实践，系统了解企业岗位的职业标准和文化理念；建设兼职专家队伍，从行业一线引进具有丰富实践工作经验的管理人员，从事教学兼职工作；学习和借鉴国际职业教育成功经验，派遣教师赴海外学习进修，拓宽教师国际化视野。

① 潘慧明.高职教育师资培养模式探析[J].中国市场，2012(5)：140-142.

(一)学校主导型师资培养模式

学校主导型是指以学校为主体培养职教教师的一种方式,培养主体主要是职业教育高等师范院校、普通高等师范院校和综合大学,并且我国职业教育师资主要来源于学校主导型师资培养模式。职业教育高等师范院校课程设置和教学体系都是围绕着职业教育教学的特点而设立的,不仅重视职业教育教学技能的培养,也重视专业理论和技能的训练。学校主导型师资培养模式一方面要主动调整专业及课程设置,重视学生实践动手能力及职业教育相关知识的学习,另一方面对进入职业院校后的新教师进行专门职业教育教学能力的培训,使新教师具有职业教育的理念和相应的职业教育教学能力。①

(二)校企合作型师资培养模式

校企合作是职业教育发展的必由之路,也是培养职业教育师资的重要途径。校企合作型师资培养模式是指学校和企业双方在自愿的基础上开展合作,教师到企业挂职锻炼或聘用企业技术人才到学校做兼职教师的一种培养方式。通过双方人员到双方场地进行学习或培训,从而实现双方人员的双赢,最终促进职业教育师资间的交流和专业发展。

校企合作型师资培养模式是一种对职业教育教师的“再加工”或“深加工”。校企合作的师资培养采用边工作边学习的方式进行,教师通过在企业学习新技术、掌握新方法、了解新工艺,提高一线技术和技能,同时企业人员到学校兼职任教,将企业需求带到学校,并了解学生学习需求,有针对性地开展教学,改善学校的“双师型”教师结构。

校企合作型师资培养模式是职业教育重要的师资培养模式。校企合作型师资培养模式顺利运行需要职业教育学校进行相应的配套措施,例如动态的教师管理制度、企业人员教师培训制度等,只有辅之这些配套措施,校企合作型师资培养模式才会为职业教育师资培养做出重大贡献。②

(三)产学研结合型师资培养模式

产学研结合型师资培养模式是指教师培养主体为了更好地培养师资,与企

---

① 熊风.论高职高专艺术设计专业岗位主导型人才培养模式建设[J].艺术教育,2011(2):140-141.

② 徐岳清.校企合作职教师资培养模式探讨——以无锡机电高等职业技术学校为例[J].黑龙江科技信息,2009(35):313,430.

业和科研机构有机结合，通过提升学生专业知识、技能与科研能力，共同培养未来师资的一种方式。产学研结合型师资培养模式主要是学校、企业、科研机构共建公司或工厂，通过教师、学生到共建的企业或工厂进行科研、实习或实训，培养教师的科研能力和实践能力，同时使学生的实践技能与科研能力得到提高，为日后从事职业教育的教学、管理与科研工作奠定坚实的基础。

三、完善教育师资管理评价机制

《国家中长期教育改革和发展规划纲要（2010—2020年）》提出，要努力造就一支数量充足、素质优良、结构合理、特色鲜明、专兼结合的高素质专业化职教师资队伍。而队伍水平好坏很大程度上在于管理，创建和完善职业教育师资管理，探索职业教育师资管理模式尤其关键。

（一）完善职业教育师资成长机制

职业教育的师资具有自身的特点，要根据职业教育特点完善符合职业教育特点的教师资格标准和专业技术职务考评办法，并建立与完善职教师资的考核、评价和晋升机制，从用人标准到职称评定方法等，从而形成一个体系完善，既能体现职业教育特色要求又被社会充分理解认可和广泛接受的职称评定体系。针对职业教育具有开放性、应用型的特点，职业院校要逐步建立固定岗位与流动岗位相结合、专职与兼职相结合的用人制度，允许职业院校灵活运用教师编制，自主外聘专、兼职教师。要建立健全职业教育教师准入制度，抓好教师的入口关，从源头上注重职业教育“双师”要求。

职业院校要按照相对稳定、合理流动、专兼结合、资源共享的原则，建立一支相对稳定和有序流动相结合的教师队伍，进一步完善教师流动制度，研究和制订吸引具有丰富实践经验的专业技术人员与能工巧匠进入高职院校的方法，鼓励教师在企业与学校间有序流动。职业教育可通过校企合作、校校合作、校研合作等方式，采用互聘联聘教师，聘任兼职教师，返聘高级专家、企业能工巧匠等多种途径，拓宽职业教育教师来源渠道，促进教师资源的合理配置和有效利用。

(二)完善职业教育师资考评机制

职业院校最终通过考核评价来实现对教师的约束和激励。职业院校需要建立科学合理的能够反映职业教育教师工作业绩的评价制度。针对职业教育“双师型”教师的特点,教师工作业绩评价要客观反映教师的教学态度、教学过程、教学方法、教学质量,并且具有反馈机制。考核要特别注重教师在实践教学过程中的付出,注重对其实践操作能力、实践教学质量的考核。同时,要研究建立一套科学的激励机制,从制度上、政策导向上向“双师型”教师倾斜。“双师型”教师往往要付出更多劳动,因此要在分配上建立和完善相对公平的配套机制,对认定为“双师型”教师的给予一定的补贴。另外,也要制定更多的优惠政策吸引更多的优秀人才投身到职业教育,有力促进“双师结构”教师队伍的建设。

第四节　经济新常态下我国高职院校人才培养的转型

在中国,高等职业教育兼有高等教育和职业教育的双重属性,首要任务是为社会经济建设培养技术应用型人才。高职教育的人才培养目标是培养适应生产、建设、管理、服务第一线需要的人才。学生应在掌握特定专业必需的思想道德和文化基础知识与专业知识的基础上,重点掌握从事本专业领域实际工作的基本能力和基本技能,具有良好的思想政治素质和职业素养。经济新常态背景下,高职教育的人才培养目标也应该与时俱进,高职教育应培养全面发展的高素质、高技能人才,以增进大学生的获得感、幸福感、安全感为目标。

一、强化思想引导，把握正确方向

思想引导是学风建设的先导。学校可以探索、创新多元形式,使学生能够对自己准确定位,树立积极、健康的学习风气。

(一)抓住时机帮助学生树立正确的世界观、人生观和价值观

当今世界呈现多元化、全球化和信息化的特点,大一新生经过三年的高中学习进入大学,生活的重心发生了改变,面对纷繁复杂的世界,如果没有正确的世界观、人生观和价值观做指导,很容易迷失自我。加强大学生的世界观、人生观和价值观教育,有益于学生在多元化的价值体系中找到正确的方向。因此,必须进行及时的思想教育,帮助学生形成正确的世界观、人生观和价值观。①

开展德育活动,为人才培养提供有力保障。高等职业学校的学生大多数高考成绩不理想,有的学生品格修养存在缺陷,心理沟通存在障碍。因此,高职院校要通过校企联合,借助共青团、学生会、班集体等多种渠道,教育学生热爱祖国,学习先进的企业文化,树立"干一行、学一行、爱一行"的思想,培养他们强烈的民族精神和公民道德责任感,提高学生的品质。②

(二)坚持不懈开展心理健康教育,增强心理保健

由于高职学生基础相对薄弱,加之社会上对高职教育的地位和作用尚未形成共识,使他们比一般大学生承受着更大的来自社会、家庭、学校和自身的心理压力。这不但导致学生在校时产生思想问题,也直接影响了学生能否以正常的心态面对在校的学习以及今后的人生道路。因此,要积极开展好心理普查和心理健康知识的宣传和普及工作,及时发现有心理问题的重点学生。与此同时,加强校园文化建设,提供健康的情绪宣泄渠道,营造有利于学生心理健康的校园环境,培养学生乐观向上的生活态度和健康愉悦的情绪特征。③

(三)充分发挥学生党员、干部及优秀校友的模范带头作用

典型和榜样的激励与引导对于大学生的成长及发展至关重要,因此,要充分利用学生党员和干部以及优秀校友的模范带头作用,推进校园文化建设。首先,学生党员和干部要重视自身的发展和建设,提高自身的影响力,以优异的表现在同学中树立标杆。其次,学生党员和干部要敢于同违规违纪现象做斗争,对于其他同学的不良学习习惯要及时给予纠正和帮助,实现共同进步。同时,

---

① 于建华,任心甫,王雪燕.高职院校学风建设探析[J].教育与职业,2014(29):37-39.

② 李健,夏俊,朱海燕.以学风建设为突破口加强大学生思想政治教育[J].上海工程技术大学教育研究,2007(3):40-41,45.

③ 郭亚芳,等.论高校学风建设的途径[J].黑龙江高教研究,2000(5):102-103.

还可以充分利用优秀校友资源，他们也是人才培养中不容忽视的一支力量。①

二、加强制度建设，树立规范意识

制度的科学、规范是学校各项工作正常运转的前提和保障。对于人才培养目标的进一步实现，学校要进行多方面、全方位的制度建设。在学习制度以及教师考核评价制度方面，建立奖惩分明的激励和督促机制。②

(一)建立完善不同主体的制度，将责任落到实处

第一，深化学籍管理制度改革。分析学生的特点，建立既符合学生实际又能体现高职教育特色的制度，探索考试改革等方面的内容。第二，加强课堂管理制度建设。对学生无故旷课、迟到、上课聊天、睡觉、玩手机等现象，与课程考核结合起来，进行及时的批评和教育。第三，建立奖惩分明的机制。对于优秀的集体或个人进行公开表彰和奖励，发挥他们的模范带头作用。对于违规违纪的学生，要按规则严肃处理。第四，完善教师考核评价制度，调动教师教书育人的积极性，增强其责任感。当然，人才培养并不仅仅是专职教师或辅导员的事情，它关系到每一个部门和每一位教职工。③

(二)构建学校—家庭—社会的联系网络，形成促进人才培养能力整体提升的合力

高校人才培养离不开家庭与社会大环境，尤其是文化环境、舆论环境、校园周边环境等对人才培养具有直接的作用和影响。要建立学校、家庭和社会三结合的人才培养长效工作机制，使学校教育、家庭教育和社会教育相互配合、相互促进，形成人才培养的合力。在建设中国特色社会主义的大背景下，培养为实现中国梦而奋斗的具有进取创新精神的当代有为青年尤为重要，我们必须充分认识到人才培养的艰巨性和复杂性，从社会、学校、学生自身等多角度考虑问题，通过多方面、全方位的建设打造自己学校的特色，进行人才培养方案的有效

---

① 沈剑光.高职院校学生综合职业能力培养——基于思想政治工作导向的研究[M].北京：人民出版社，2010.

② 郑廷友，陈静，冯亮波.新时期高校学风建设长效机制构建研究[J].重庆交通大学学报(社会科学版)，2007(3)：103-106.

③ 于建华，任心甫，王雪燕.高职院校学风建设探析[J].教育与职业，2014(29)：37-39.

制订、实施与完善，进而培养符合社会需要的高素质人才。①

三、优化教学氛围，促进和谐校园

在教学活动中，教师是主导，学生是主体。通过良好的教学氛围带动形成和谐文明的校园环境，这是教育的必然。②

(一)切实加强校园文化建设，创造良好的校园氛围

引导、熏陶和育人是校园文化比较显著的功能。高职院校要创建良好的育人环境，营造浓厚的学习氛围，构建奋发向上的精神家园，必须进行校园文化的建设。③ 高职院校校园文化要进一步丰富学习内涵，重视学术型.科技型和专业型活动的开展，相对减少娱乐型活动。学校可通过校园广播站、宣传橱窗和海报等多样的载体以及在生活园区、宣传栏张贴经典名言警句、读书格言等方式，发挥其教育的功能，提升其文化品位。结合高职院校的特色，组织开展"技能大比拼"等活动，通过多样的比赛促进校园文化建设。最后，发挥学校团体的力量。通过舆论宣传与引导，营造孜孜以求的学习氛围，通过人文环境的改善，创造良好的校园氛围。④

(二)积极创新校园活动载体，促进和谐校园的可持续发展

利用院报、宣传橱窗、条幅、展板、墙报、广播等舆论工具在全校开展以"人人争当技能先锋"为主题的宣传活动，大力宣传高技能人才培养的紧迫性和重要意义，表彰人才培养中涌现出的先进典型。另外，高职院校应积极与当地政府、执法部门和社区加强联系与沟通，共同努力，改善校园周边环境，尽量避免社会上消极因素对大学生身心健康和学习产生的负面影响。⑤

① 张宏志.新常态下加快发展现代职业教育的社会价值[J].教育与职业，2015(25)：10-13.
② 陈洪，孙勇进.学风及学术规范问题断想[N].光明日报，2001-12-13.
③ 孟庆鑫.新常态下地方高职教育理念与文化建设研究[J].辽宁高职学报，2016(10)：13-16.
④ 于建华，任心甫，王雪燕.高职院校学风建设探析[J].教育与职业，2014(29)：37-39.
⑤ 曹录祥.试论高职院校学风建设[J].杨凌职业技术学院学报，2005(S1)：44-47.

第七章

经济新常态下我国高职院校办学体制的转型

要实现《国家中长期教育改革和发展规划纲要(2010—2020年)》制订的高职教育发展的宏伟目标,必须改革创新现存的高职院校办学体制机制,最大限度地调动、发挥高职院校、政府、企业和其他社会组织的积极性和创造性,增强高职院校的办学活力,提高人才培养质量,不断满足企业对高质量的技能型人才的需要;形成政府主导、行业指导、企业参与、公办民办共同发展的多元办学体制,构建有利于高职教育良性发展的办学体制,形成健康而富有活力的办学机制。

第一节　办学体制转型的方向

高职教育是与经济社会需求结合最紧密的教育,其统筹发展必须面向企业生产与实践,在经济新常态阶段,还应先于或同步于产业结构的转型升级,成为国家和地区经济腾飞的“基石”。随着经济发展方式的转变,高职教育能够及时反映行业企业一线的需求,可为产业结构转型升级提供大量高素质人力资本与智力支撑。

一、改革学校所有制结构

由于高职教育与人力资本市场联系最直接、最紧密，因此它是市场化程度最高的高等教育类型，这是由高职教育特殊的办学性质决定的。单一主体办学（不论是公办院校背景还是民办院校背景）不利于发挥企业、行业等利益攸关方参与办学的积极性，也是至今形不成校企深度合作机制的主要原因。我国高职院校多为公办，民办高职院校也多为独立投资方举办，可吸纳与学校主要专业相关的有意愿、有实力的企业参股、入股，实现投资多元化，进而促成办学主体多元化，组成教育集团，使校企双方结成利益攸关的紧密合作的伙伴关系，使企业成为“校企”，学校成为“企校”。亦可探索以学校系部二级法人形式和对口企业联合举办专业的模式。

由于产教对接不紧密，所以现有的高职专业设置不合理，课程设置缺乏前瞻性，教学内容陈旧，双师型教师匮乏，实训设备和技术工具与市场实际脱节，满足不了新常态下企业生产智能化与专业化的特点。特别是新经济、新业态的企业，人力成本普遍较高，不适合的人力资源加剧了成本上升，这是造成其盈利困难的主要原因。因此，企业只有注重整合分散资源，协同创新发展，提高资源利用率，同时创新多样化人才培养机制，开辟广泛的人才晋升通道，实现综合实力的提升，才能适应经济新常态变化，顺应产业结构调整。①

二、改革学校管理体制

一是建立学校董事会，这是适应多元办学主体管理形式（类似股份公司）的必然要求。在成员组成上要有相关行业、企业代表，与学校共同决定办学的重大决策。二是切实加强专业指导委员会建设，使之成为学校各专业的教学指导机构，参与专业建设、调整、改造的决策。三是改革校务委员会，选择一批企业专业指导委员会成员加入校务委员会，参与学校办学重要事项的决策。通过不

① 王双金，徐丽萍.高职院校办学体制机制的改革与创新[J].黑龙江教育(高教研究与评估)，2013(4)：6-8.

同层次的参与机制，使多元办学主体真正参与到与学校共同发展的办学决策中。①

(一)高等学校内部管理体制多样化

举办高等教育，就是以政府举办为主体、社会力量举办为补充的一主多元形式，而且多元还会扩大，社会力量举办的高等教育同样也会走从补充到共同发展，再到基本教育制度的历程。

高等教育举办主体多元化已经成为举办体制改革的取向。举办体制与高等学校内部管理体制相联系，举办体制决定高等学校内部管理体制，有什么样的举办体制，相应要求一定的高等学校内部管理体制与其相适应。值得指出的是，随着我国高等教育发展和改革的深化，政府举办的高等学校内部管理体制也将朝着多样化方向发展。可以预料，随着中外合作办学、股份合作制办学、公办学校转制等办学模式的出现，董事会领导下的校长负责制、校务委员会领导下的校长负责制将成为我国高等学校可选择的内部管理体制。

(二)高等学校资源配置社会化

社会主义市场经济体制是以市场为基础配置资源。市场经济条件下，市场是配置资源的主要手段。市场化的本质是社会化、多元化、民主化，资源配置社会化是市场化取向的一个重要方面，是高等学校内部管理体制改革的方向之一。

要想实现高等学校资源配置的社会化，必须改变传统的内部管理体制，打破教育资源的行政化分割或部门所有制，变学校办社会为社会办学校，真正实现教育资源的优化配置和资源共享。高等学校资源配置社会化，主要表现在以下四个方面：一是后勤服务以及改革方向的社会化。即具有完整的后勤服务系统，可按社会化改革的模式运作，逐渐与学校教学科研相剥离。二是教育资源共享。高等学校按照资源配置社会化改革方向，将高校的实验室对社会开放，实现资源共享。实验室全校范围内开放，教学与科研互通，实现资源共享。高等学校图书馆、体育场馆均可按照社会化改革的方向，与地方共建，面向社会，

① 《21世纪的中国高等教育》研究课题组，全国高等学校教学研究中心．21世纪的中国高等教育[M]，北京：高等教育出版社，2001.

资源共享。三是人力资源配置社会化。高等学校人力资源管理,不能将教师等专业技术人员困于学校,应鼓励其服务社会,更应充分利用社会人力资源为学校教学科研服务。四是高等教育服务产品社会化。高等学校面向社会,自主办学,首先是人才培养面向社会,培养的学生为社会所需。所以,必须充分发挥市场配置资源的作用,坚定地沿着社会化方向改革,高等学校才能在市场经济大潮中,面向社会,自主办学,自我发展。

(三)高等学校教育活动市场化

高等学校内部管理体制改革与社会主义市场经济体制相适应,就要充分重视市场的作用,高等学校在人才培养模式、专业学科设置方面,必须面向社会、面向市场,用市场反馈的人才需求信息指导学科专业结构调整和人才培养模式的改革。坚持教育活动市场化的改革取向,是高等学校内部管理体制改革的必然要求。

市场化与产业化相联系,产业化一定要求市场化,市场化的本质便是产业化、社会化、多样化。随着知识经济的到来,以人的发展为目的的教育势必成为21世纪最具竞争性、最具活力的产业,教育活动产业化成为高等学校内部管理体制改革必须坚持的方向。诸如,高等学校产、学、研一体化,创办高科技产业,建立大学科技园,就是教育活动产业化的实践。在高等学校,讲教育投入与产出,讲办学成本与效益,在资金短缺的条件下利用银行贷款改善办学条件,都是教育活动产业化、市场化的趋势所在。①

(四)高等学校管理法治化

高等学校管理,最终还是要靠法治。办学靠法治,民主靠法治。改革是手段,不是目的,改革靠法治保障改革环境和改革成果,改革的目标取向之一就是法治化。推进高等学校管理的法治化,首先是落实高等学校法人制度。高等学校的校长为高等学校的法定代表人。其次是管理规范化,靠校内规章制度维持学校运行,依法行政,不以领导人意志的改变而改变,不因政治气候的变化而大起大落。最后是管理契约化,以契约的形式规范学校与教师的关系、学校与社

① 马立涛.高校管理体制改革:向企业学习——试论高等学校管理的企业化取向[J].陇东学院学报,2008(5):115-119.

会组织的关系、学校与经济组织的关系，规范学校与各种社会组织、个人的行为，促进高等学校管理民主化、法治化。法治化相应要求推进高等学校管理的民主化，要制定一系列的办学规章制度，科学配置学术权力与行政权力，建立闭合的决策、执行、监督、反馈系统，形成有效的监督、约束机制；充分发挥教师的作用，以体现学术立校、以人为本；充分发挥教代会的作用，畅通民主渠道，加强民主监督；充分尊重学生，给学生创造参与学校管理的机会，发挥学生的个性和创造性；充分发挥中介组织的作用，形成有效的民主机制，靠制度民主推进管理民主化、法治化。

三、转变角色定位

2006 年教育部在《关于全面提高高等职业教育教学质量的若干意见》中指出："近年来，我国高等职业教育蓬勃发展，为现代化建设培养了大量高素质技能型专门人才，对高等教育大众化作出了重要贡献；丰富了高等教育体系结构，形成了高等职业教育体系框架；顺应了人民群众接受高等教育的强烈需求。高等职业教育作为高等教育发展中的一个类型，肩负着培养面向生产、建设、服务和管理第一线需要的高技能人才的使命，在我国加快推进社会主义现代化建设进程中具有不可替代的作用。"到 2020 年，形成体现终身教育理念、中等和高等职业教育协调发展的现代职业教育体系。要建立中职、高职、高职本科、研究生，涵盖不同层次职业教育类型的现代职业教育体系，在制度设计上打通不同层次不同类型的教育之间顺畅流动的通道。现代职业教育体系应涵盖职业准入和职业培训制度，这是现代社会终身教育、终身学习的理念要求的。发达国家职业教育的经验表明，职业和岗位培训对高职教育机构越来越重要，其规模远高于在校全日制学生人数。在高等职业教育阶段，可以探索根据专业性质与特点举办四年制本科高职或两年制专科高职等。[①]

（一）职业院校角色

职业院校增强改革的紧迫性和主动性，牢牢把握转型发展的目标，为经济

① 关晶，石伟平.我国职业教育体系存在的问题及其完善对策[J].职业技术教育，2012(7)：5-9.

社会创造价值，为学习者创造价值。建立转型发展的评价标准，把产教融合、校企合作落实到学校管理、教学的各个层次、各个环节，系统培养生产服务一线的技术技能型人才。职业教育应发挥其在专业设置与产业对接、课程内容与职业标准对接、教学过程与生产过程对接中突出的办学特色。

（二）地方政府角色

地方政府更好地发挥支持作用，促进地方产业和高校双方转型、经济社会和教育发展双赢。地方政府应充分认识地方高校转型发展的现实意义。应用型人才是高等教育由大众化进入提高阶段的必然产物，是科学技术转化成现实生产力的极为重要的人力资源。高校转型发展是提高高等教育办学效益的重要举措，地方政府必须高度重视，把促进地方高校转型发展作为地方高等院校改革的抓手，加大改革试验的力度，把发展应用技术大学与促进区域经济社会发展统筹规划，实现地方高校与区域经济社会协同发展。

（三）企业行业角色

行业企业能发挥好积极能动作用，为转型发展提供指导和支持。鼓励企业参与应用型人才培养；支持转型院校广泛吸引企业和社会机构共同建设实训基地，建立应用科研机构，逐步形成产学研结合的长效机制；支持应用技术大学和企业联合开展应用性科学研究项目，促进校企深度合作。对转型院校教师专业技术职务评聘制定特殊的政策，加强专兼结合专业教师队伍建设。

（四）社会大众角色

高职教育不是闷头办的教育，社会服务是其重要职能之一。高职教育的转型，需要全社会共同建立转型发展的良好环境，呼吁社会各界和各方面的专家学者出谋划策，积极参与转型发展这一教育改革的重大进程。

第二节　办学体制转型的路径——混合所有制改革

在国家的大力引导和社会的自发实践下，高职院校开展混合所有制办学已经破题，但是由于在现行教育体制下的办学难度比较大、涉及面比较广，少数已开展试点的高职院校并没有形成混合所有制办学的统一模式，大多是结合当地资源情况，先行先试进行探索与创新。为加快释放混合所有制办学夹带的改革红利，应该实现院校专业建设与行业企业资源支持的双向融入和有效对接。

一、把加强顶层制度设计作为首要任务

新常态下高职教育要适应经济社会的发展需求，必须建立以产教融合为主线，利益相关方共同参与的制度创新平台。政府部门首先应加强顶层设计，在国家层面上构建统一的、反映劳动力市场需求的资格框架体系，提供不同层次的职业资格及资格晋升路径，使雇主、行业协会参与资格框架的开发实施，同时加强职业资格管理，建立高质量的、能力本位的职业技能评估机制及职业考试和先前学习认可制度等。省级政府可以建立跨教育、人社、产业经济、行业部门的协调联动机制，成立产教对接协调委员会，加强综合协调与统筹管理。一方面，要运用法治思维推动混合所有制办学改革。加快清理不适应现代职业教育发展，特别是不适应混合所有制办学的法律条文，尽快从法律法规层面为办学改革松绑，为不同性质的资本参与混合所有制办学营造公平统一的法治环境。另一方面，要加快研究出台推动高职院校开展混合所有制办学的指导性意见，解决好公办职业院校开展混合所有制后的法律地位、法人属性、治理结构、产权归属等问题，并明确混合所有制办学的基本条件和行政审批程序，扫清机制体制上的障碍。

(一)丰富混合所有制办学的模式和途径

校企合作办学有关文件提出激励政府、企业、社会等多种力量参与,深化产教融合,鼓励行业和企业举办或参与举办职业教育,发挥企业重要办学主体作用,对企业和高校都有重要的意义。以依托专业院系管理的形式举办校企合作的二级学院,可以满足高职院校实现"工学交替"培养模式的要求,提升学生专业技能和职业能力,提高专业教师的社会实践能力和社会服务能力,同时又不会给企业增加办学风险。建立多方参与的高职院校管理体制。坚持走开放式合作办学的道路,加强与政府、行业、企业之间的协作与交流,通过多种形式和途径,积极探索学校与行业、企业共建的办学模式。在坚持党委领导下的校长负责制的同时,实行董事会或理事会等决策议事制度,形成学校与利益相关方合作办学、合作育人、合作就业、合作发展的长效机制,增强办学活力。省级以上示范性高职院校要充分发挥其辐射力和影响力,配合国家和区域经济发展战略,围绕国家和区域重点发展产业和支柱产业,以学校品牌、特色专业为纽带,牵头或发起组建一批行业或区域性职业教育集团。

(二)完善现代高职院校校企合作制度

扩大学院在专业设置和调整、人事管理、教师评聘、收入分配等方面的办学自主权。高职院校二级学院依法制定体现职业教育特色的章程和制度,完善治理结构,提升治理能力。建立学校、行业、企业、社区等共同参与的学校理事会或董事会。制定校长任职资格标准,推进校长聘任制改革和公开选拔试点。坚持和完善公办高等职业院校党委领导下的校长负责制。建立企业经营管理和技术人员与学校领导、骨干教师相互兼职制度。完善体现职业院校办学和管理特点的绩效考核内部分配机制。《国家中长期教育改革和发展规划纲要(2010—2020年)》首次明确提出"制定促进校企合作办学法规,推进校企合作制度化"。

二、把加强行业指导、评价与服务作为重要依托

行业是基于企业基础形成的,更贴近生产实践和市场需求,并具有政府所

不具备的应对市场变化的快速反应能力。《国务院关于加快发展现代职业教育的决定》提出"通过授权委托、购买服务等方式,把适宜行业组织承担的职责交给行业组织,给予政策支持并强化服务监管"。可见,我国应制定相关法律政策,明确行业参与职业教育决策与管理的职责,以期在经济新常态阶段更好地发挥行业对高职教育的指导、评价与服务作用。

(一)发挥行业对高职教育的指导作用

政府应简政放权,转变职能,明确行业协会在校企合作中的指导作用。一是使行业履行发布人才就业状况、技术动态、岗位标准等职责,且开展行业人力资源需求预测,从而提升校企合作的质量和水平;二是逐步建立以行业为主导的第三方质量评价制度,吸纳社会各界特别是行业企业界专家参与职教评价,引导高职教育关注新常态下的行业企业需求与人才市场需求;三是通过行业指导,校企共同制定人才培养标准、专业教学标准和核心课程标准,为统筹推进中高职衔接和专本科高职联合培养技术技能人才提供支撑;四是依托行业健全企业参与制度和产教融合机制,探索发展股份制、混合所有制高职院校,促进国家加快校企合作立法,出台激励政策,以调动企业参与职教的积极性。①

(二)发挥行业在高职开放办学中的推动作用

利用行业组织在我国职业教育体系开放办学中的优势,提高我国高职教育的国际影响力与竞争力:一是依托行业龙头企业的国际合作项目,通过过程参与,探索企业、产品、教育一体化走向世界的开放式创新发展模式;二是开展有行业支持的现代学徒制试点,探索并构建互惠共赢的办学体制,利益相关方共同治理的管理体制,校企一体化的招生、培养和就业体制等;三是依托行业,组建覆盖主导产业的职教集团,整合各方资源,研究制定职教集团化办学支持政策,完善运行机制和利益分配机制,形成合理的治理结构,以发挥职教集团在促进教育链和产业链有机融合中的重要作用。

(三)发挥行业在高职服务能力提升方面的纽带作用

行业部门是连接职业教育与产业发展的重要桥梁,高职院校可以依托行业

① 阚丽,王薇薇.经济新常态下区域职教改革与发展路径研究[J].辽宁高职学报,2015(12):1-4.

的产教对话协作机制，提升服务产业的能力：一是定期参与行业组织的校企双方见面会，解决校企合作中出现的共同问题，通过沟通与协调各方利益、权力、文化、制度等冲突，找到实现双赢的利益分享机制；二是以行业为纽带，利用自身资源优势积极参与力所能及的科技服务与工程项目，使教育教学改革始终同步于区域产业的转型升级，切实满足社会人力资源开发与技术进步的需求；三是在行业带动下积极融入社区培训、行业培训等社会服务体系中，切实提高服务地方经济社会和人的全面发展的能力；四是积极参与行业企业牵头构建的产品研发中心和技术创新平台，推进职教科研与产业需求对接，切实服务于技术技能积累与创新，为企业技术改造、产品开发、成果转化提供有效服务。

（四）发挥市场在高职专业配置优化方面的促进作用

围绕国家和区域经济社会发展实际，主动对接、策应产业发展，进一步调整和优化学校的专业设置，更多地引入企业参与专业结构调整、培养方案制订和课程建设。坚持开放、多元的培养模式，坚持“学校围着市场转、专业围着产业转、人才培养围着需求转”的人才培养原则。更广泛地采取“订单式”培养、工学结合、顶岗实习等灵活多样的人才培养形式。进行学制创新，完善学分制和弹性学制。深化内部人事管理与分配制度改革，落实教师密切联系企业的责任，引导和激励教师主动为企业和社会服务，开展技术研发，促进科技成果转化，实现互利共赢。①

三、把服务产业经济发展作为重要归属

混合所有制二级学院适应经济发展、产业升级和技术进步需要，建立专业教学标准和职业标准联动开发机制。推进专业设置、专业课程内容与职业标准相衔接，推进高职教育培养目标、专业设置、教学过程等方面的衔接，形成对接紧密、特色鲜明、动态调整的职业教育课程体系。全面实施素质教育，科学合理地设置课程，将职业道德、人文素养教育贯穿培养全过程。混合所有制二级学院的办学，应该立足当地产业经济发展的需要，探索由政府行业主管部门、学

---

① 袁卫国.高职院校校企合作存在的问题及对策[J].教育与职业，2011(33)：25-26.

校、行业协会、相关企业等共同参与的合作办学模式，充分整合政府、高校、行业及企业资源，建立“专业共建、课程共担、教材共编、师资共训、基地共享、人才共育”的协同育人机制，实现校企深度合作和产教深度融合，通过专业的招生宣传、教育教学管理，实施场景化、特色化管理培训，服务行业转型升级和当地产业经济发展。

四、把发挥政府主导职能做好转型规划、指导作为重要抓手

政府要做好高等职业教育改革发展整体规划的顶层设计，将高等职业教育校企合作纳入行业的发展规划。要充分发挥政府联系各方、协调各方的优势和作用，建立政府、学校、行业、企业的联系机制，建立或完善相应的组织机构，切实发挥其功能和作用。要充分发挥行业企业“对前沿技术最了解、对发展趋势最了解、对用人需求最了解”的优势，引入行业企业参与人才培养标准制定、人才培养质量评价和有关政策制定。联合行业企业共建高职院校，积极推进高职院校管理体制改革。鼓励高职院校在提高教育质量、增强办学能力的基础上，提高办学层次，搭建职业教育终身学习体系。进一步优化高职教育布局，推进各高职院校错位发展、特色发展、协调发展。①

（一）建立健全多渠道投入、多元化办学格局

政府应进一步加大对公办高职院校的财政投入，逐步提高高职院校生均财政拨款，建立稳定的公用经费投入增长机制，建立地方财政对地方高职院校生均公用经费补助机制。建立政府财政对高职院校专项建设经费奖励制度，加大实训基地、师资队伍建设等专项资金的投入；建立健全学生实习实训保障制度，建立高职实习实训专项定额补贴制度和高职学生实习意外伤害保险统筹支付制度；实行高职院校兼职教师津贴制度，参照高级技能型人才标准给予兼职教师专项津贴。推进“多元化”办学，创新办学模式，鼓励和引导行业企业共建高职院校，形成以举办方为主的多渠道投入机制，大力支持民办高职院校发展。

① 陈家颐，万军.高职院校校企合作办学体制机制创新的动因与路径研究[J].黑龙江高教研究，2013(1)：111-113.

(二)落实和扩大公办高职院校的办学自主权

政府应进一步转变观念和职能，增强服务意识，一方面继续充分发挥在高职院校经营绩效考评和人才培养工作宏观评估监管等方面的主导作用，另一方面放手放权，赋予高职院校在人事管理、财务管理、经营决策等方面的自主权，增强学校自主运营的责任意识和开放办学的活力。高职院校的经营风险与责任由学校自行承担，政府经费投入与学校经营业绩挂钩，教职工的收入与学校办学收益挂钩。高职院校可根据地方经济建设和社会发展实际需要，自主设置专业；高职院校的学费收取标准可单独审批；学校人员编制按办学规模实施动态核准，学校享有用人自主权；高职院校从行业企业调入实践教师，政府应提供便利；教师专业技术职务由高职院校自主评聘；学校对自筹办学经费的支出应享有自主权；在符合国家相关政策的前提下，学校对员工的薪酬分配享有自主权。

第三节　办学体制转型的措施

一、深化服务理念，成立基于行业的产学研联盟

为区域经济社会服务是地方高校办学的核心目标之一。经济社会对高职人才培养提出更新、更高的要求，学校树立服务型的人才培养理念，以一种积极、主动、务实的态度，实现高职院校的服务模式从传统的“自我为中心”向“社会为中心”转变。在新形势下，学校要思进思变思发展，实现开放、合作的社会化办学模式，通过校企合作的形式使高端技能型人才培养之路越走越宽。

此外，学校更要支持各二级学院成立基于自身行业的产学研联盟，并以此为平台，构建学校对接产业行业、专业(群)对接行业企业、教师对接企业岗位的

三层对接机制，以不断满足行业、企业对人才素质与能力的要求。“组团”牵头成立产学研联盟，有利于发挥联盟集聚效应，凸显整体优势，有利于促进学校、企业、行业、政府之间的良性互动，实现多方互利共赢。[①]

二、实现全面规划，拓展产学研联盟校企合作的空间

产学研联盟形成了政府统筹、行业指导、企业参与、高职主导的运行模式，高校通过对组织机构、顶层设计、建设指导委员会、专业教学、学生工作和资产投入等方面进行全面规划，拓展产学研联盟校企合作的空间。

(一)校企双主体二级学院的组织机构

高职院校混合所有制二级学院是学院的一部分，受学校和企业共同领导，共同管理。二级学院院级领导由学校和合作企业共同任命，院长一般由专业院系负责人担任，合作企业指派一名工作人员作为二级学院协调人，该人既是二级学院的副院长也可兼任专业院系副职领导。二级学院下设办公室，负责日常事务的管理和协调工作。二级学院专业教学及学生均由专业院系的相关教研室、院系实训中心和学生工作办公室代为管理。

(二)校企共同进行二级学院的顶层设计

由企业和学校人员共同组成校企合作委员会，研究制定校企双主体二级学院的规章制度和管理办法等，确立联合办学方式、人才培养模式，对二级学院的实训基地建设、教师聘任、资金和设备管理、联合技术开发等提出指导意见，明确奖惩措施，确保二级学院深度校企合作取得实效。

(三)成立校企合作专业建设指导委员会

该委员会主要由企业专家和学校院系专业教师组成，每年召开专项会议，研究决定二级学院专业设置情况和人才培养方案，指导校企双方在专业教学标准制定、兼职教师聘用、课程教学资源开发、顶岗实习与就业、校内外生产性实训基地建设、人才培养质量评估等方面开展合作。专业设置应与市场紧密结

---

① 谢刚. 浅析我国广播电视大学系统的办学体制转型与功能再造[J]. 湖北广播电视大学学报，2016(6)：11-14.

合，以社会发展、企业需求为目标，原则上二级学院的专业设置应根据合作企业的人才需求情况而定，就是要按照合作企业和社会对人才的需求设置专业。按照核心职业能力要求与企业共同构建课程体系与评价标准，全面推行以订单培养为主的工学结合的人才培养模式，构建综合全面的职业能力体系。

（四）专业教学管理

二级学院的日常教学工作由专业院系的教研室负责执行和完成，企业技术人员直接参与部分教学工作，尤其是实践教学部分。教研室根据校企合作专业建设指导委员会通过的人才培养方案，制订相应的教学计划、相关课程标准和考核方案等，组织正常的教学活动和教学质量自查。院系教师与企业技术人员联合进行工学结合的课程建设和教材开发。企业参与课程标准的制定和质量监控，课程评价标准应将教学标准、企业标准和行业标准统一起来。由院系和企业人员共同成立教学督导和考核工作小组，该工作小组依据专业人才培养方案、教学计划、考核方案以及学校在教学管理方面的有关规定督查专业教学人员的教学质量。

（五）学生工作管理

二级学院的学生亦是学校正式录取的学生，享受学校普通学生应有的各项待遇，接受院系学生工作办公室的管理。所不同的是，该部分同学既是学校的学生，也是企业的准员工，具有一定的特殊性。每个班级除按常规由学校配备一名班主任外，企业也同时配备一名专业班主任，负责学生的专业能力、企业文化教育等方面的工作，提高学生对社会和企业的适应能力。二级学院学生享受学校和国家正常的奖助学金待遇，除此之外，企业还设立专门奖助学金，对经济困难和成绩好的学生进行资助和奖励。学生在企业实习、实训期间，由学校和企业双方共同组建学生管理工作组，负责学生管理工作，在此期间学生除遵守学校的各项规章制度以外，还不得违背企业的各项管理规定。

（六）资产投入和管理

二级学院的资产投入分两部分：一是由学校投入的设备，二是由合作企业投入的设备。学校投入的设备由学校国有资产管理处管理。企业方投入的设备分两部分：一是企业赠送给学校的可由学校国有资产管理处管理；二是按照双方协议，投入的设备产权归企业所有，但由二级学院使用，这类资产可暂由学校国有资产管理处管理，合作期满后归还企业。无论以上哪种情况，二级学院的所有资产都必须登记在册，由专人保管。学校和企业定期组织人员对设备的质量、功能、价值及使用情况予以检查验收，以确保实习、实训等教学功能的实现和企业投资的真实性。①

三、多方共赢、合作发展，充分发挥产学研联盟的优势作用

资源共享、优势互补、互利多赢、共同发展，实现合作办学、合作育人、合作就业、合作发展的目标。如何使联盟发展成为涵盖学校改革、企业优势再造和政府决策创新等在内的利益共同体平台，是各产学研联盟应思考的问题。②

（一）校企联合培养人才

通过开展校企合作、工学结合等人才培养模式改革及中高职“3＋2”合作教育等，开展校企之间、校校之间人才的共同培养工作，加强校企之间、校校之间的人才培养对接，构建现代服务业“公司制”人才培养模式，提高人才培养质量，适应经济社会发展对现代服务业人才的需求。

（二）资源设施共享

通过学校、政府、企业共建共用“校中厂”“厂中校”等多样化的校内外实训实习基地、研究所、培训中心等形式，发挥成员间的资源优势互补作用，提高办学效益。

（三）师资交流互聘

建立联盟专业教师与专家库，建立学校教师与企业专家联系交流机制，建立“双师型”师资专业技术培训体系，鼓励职教教师到企业交流、挂职、兼职，建立职教兼职教师师资人才库，鼓励企业技术人员参与高校实习实训、就业指导、人才培养等工作。

---

① 张苏俊，王昕明．高职校企合作双主体二级学院运行模式探究[J]．职业时空，2014(7)：13-14，27．

② 罗志．实现转型：高职院校办学管理体制的研究——以长沙民政职业技术学院为例[J]．长沙民政职业技术学院学报，2004(3)：78-82．

(四)专业优势特色共育

通过成立专业建设指导委员会等,研究推进人才培养体制改革。共同研制行业人才培养标准以及专业人才培养方案,共同开发课程和教材,共同实施人才培养模式改革、教学模式改革等,加强特色优势专业建设,促进专业特色形成,发挥学校现有专业优势,加强校企合作,满足社会对人才的需求。

(五)科技开发及社会服务共推

通过组建教学科研团队,合作进行科学研究和技术开发,促进新产品开发、新技术应用;发挥院校在人才、技术、信息等方面的优势,拓展社会服务渠道,开展行业岗位资格证书的培训和考证工作,提高行业企业技术管理水平与员工素质。

(六)实习就业工作联动

加强联盟内各院校与行业企业的合作,合作开展毕业生实习就业工作,各学校毕业生联盟企业优先为提供实习就业岗位,各学校为行业企业提供人才支持。建立企业校企合作奖励机制,强化企业的职业教育责任。建立学生实习实训保障机制,解决大学生实习、实训和创业问题。

第八章

经济新常态下我国高职院校治理机制的转型

经济新常态背景下，我国现行高职院校管理模式和发展方式已经难以满足调结构、稳增长的经济社会发展方式和发展质量的基本要求。毋庸置疑，高职院校粗放型发展方式必然需要调整，不断完成外延式向内涵式发展的转型之路。其中，至关重要的就是实现高职院校治理体系和治理能力的现代化，实现高职院校治理机制的转型。

第一节　质量本位：治理机制转型的方向

1999年以来，为适应经济社会发展需求，我国高等教育开始进行规模扩张，与此同时，我国高职院校伴随这一时代形势开始扩地、扩建、扩招。高职院校从数量和规模上看，几乎占据了高等教育总体的半壁江山。客观上，高职院校数量和规模的扩张为丰富和构建我国国民教育体系奠定了坚实的物质和制度基础，为经济社会建设培养了大批技术技能型人才，有效缓解了经济社会发展对技术技能型人才的需求和高职教育供给之间的矛盾。然而，在这种迅猛扩张的背后，如何实现高职院校的内涵式发展逐渐成为其自身面临的最大难题。

众所周知,高职院校规模扩张既是政策导向的结果,也是时代发展的必然。自高职院校规模扩张伊始,这种政策导向和时代使命便一直伴随至今。所不同的是,政策导向需要随着高职院校及其所处时代而不断进行某些调整。在某种意义上,高职院校都是在这种主动与被动的适应或调整中进行自我调适。高等教育领域长期以来的“适应论”与“超越论”之争,便是最好的佐证。从高等教育的规模扩张史看,高职院校规模扩张主要呈现出如下问题:其一,高职院校教育资源供给严重失衡。在高职院校发展过程中,很多高职院校由中等职业技术学校经合并风潮完成转型升级。在此过程中,其办学资源和基础条件,尤其是师资都成为制约其更进一步发展的桎梏。即便是原有的高职院校,也在一定程度上面临规模扩张后的教育资源供给严重失衡问题。其二,高职院校教育质量危机。受传统观念影响,高职院校办学质量直接受制于生源质量。然而,规模扩张后,一个现实的问题便是生源质量的进一步下滑。由于高职院校教育资源供给难以满足激增学生的需求,加之师资及教学基础条件的相对滞后,同时,很多高职院校教育教学过程本科化,忽视职业教育办学特性,导致办学特色不明,教育质量低下。

高职院校发展方式转型。高职院校的发展方式具有其特定的时代性,同时伴随着矛盾的对立和统一。高职院校注重规模扩张是特定时期的产物,也是其发展过程中不可避免的。也就是说,高职院校所经历的合并风潮和发展过程中的质量危机既具有自身因素,同时更具有时代因素。经济新常态背景下,高职院校发展迎来了新的机遇和挑战。这就要求高职院校必须实现发展方式的转型,转型的核心便是变规模扩张为质量本位,这也形成了高职院校治理机制的根本方向。

那么,究竟如何理解和解读高职院校治理机制转型的根本方向呢?换言之,确立高职院校的质量本位究竟意味着什么呢?第一,进一步明确高职院校质量本位区别于其他普通高等学校的本质特性。虽然,高职院校从诞生起就以培养技术技能型人才为其根本目标,但是在实际的建设过程中,许多高职院校专业建设学科化、教学过程本科化现象非常明显,导致高职院校办学亦步亦趋,缺乏自身的办学特色,人才培养质量难以得到企业、行业、学生、家长和社会的广泛认可。第二,解决高职院校人才培养质量难以满足市场需求的结构性难题。自高职院校规模扩张以来，人才培养规模大幅度增长，然而人才培养的层次、结构不能与经济社会发展相匹配的问题也开始暴露，突出地表现为高职院校人才培养与市场需求之间的结构性矛盾。具体而言，高职院校在专业建设、课程设置、实训教学、师资队伍等方面，无论是教育理念还是教学实践都普遍滞后于经济社会发展对人才培养质量的要求。第三，进一步增强高职院校服务区域经济社会发展质量。可以说，在所有类型的教育体系中，高等职业教育与区域经济社会的发展关系是最为直接的。高职院校服务社会发展的能力集中体现为服务区域经济社会发展的质量。高职院校扩张以来，技术技能型人才培养数量得到大幅提升，但与此同时仍然存在高职院校的布局结构、专业设置与区域产业发展不相适应的问题。换言之，这也是“适应论”所一直倡导的——高职院校需要“适应”和服务社会发展。与此同时，高职院校还应注重技术研发能力，尤其应注重与企业行业共同推进技术技能积累创新机制，增强社会服务能力和质量。第四，创新高职院校治理机制，保障高职院校治理质量。质量是生命线，高职院校治理质量同样如此。为实现高职院校的可持续发展，提升高职院校治理能力，保障高职院校治理质量，仍需进一步创新高职院校治理机制。简言之，高职院校治理机制需要实现规范化和制度化。其一，完善高职院校内部治理结构，提升治理能力。其二，构建高职院校外部治理机制，畅通治理渠道。第五，明确多方参与、多元评价的高职院校质量评价及其保障机制。高职院校参与主体具有多元性，因此，应建立多方参与、多元评价的高职院校质量评价及其保障机制。高职院校创新治理机制的目标在于提升治理能力，确保治理质量。然而，治理质量的核心体现则是人才培养质量和服务社会质量。因此，对于高职院校教育质量的评价及其保障机制的构建，必须遵循其多元主体参与的事实，确保质量评价的科学性、客观性、公平性和公正性。

综上所述，在经济新常态背景下，我国高职院校治理机制需要在适应与超越之间寻找到一种新的方向，即由重规模扩张的粗放型发展转为重质量提升的内涵式发展。换言之，经济新常态下我国高职院校治理机制应以质量本位治理为重。

第二节　现代治理：治理机制转型的路径

何谓现代治理？治理什么？如何治理？在明晰高职院校治理机制转型方向的基础上，我们不禁要问：治理的路径选择有哪些？这些问题构成了我们所要讨论的内容。

现代治理是现代与治理的叠加。一般意义上，现代具有时间性和价值性两重维度。与传统相比，现代既是传统的时间性延续，更是对传统的价值性继承与批判。因此，现代治理与传统管理在时间性和价值性维度上都存在显著差异。我们认为，现代治理乃是作为利益主体的组织（包括官方和社会等）或个人，通过某种制度安排，规范参与、共同管理公共事务的过程。通过这个定义，我们不难发现，高职院校现代治理机制的基本路径就是多方利益主体参与的共同治理（简称“共治”）。而这正是我们所要强调的高职院校治理机制转型的路径。从定义看，高职院校只是现代治理机制转型的利益主体的其中一方，其虽不能具备高等职业教育治理的全部功能，然而高职院校作为技术技能型人力资本最主要的输出主体（人才培养），却是至关重要的利益主体。因此，高职院校现代治理机制转型路径的选择与完善对于实现高职院校的善治，以及使各方主体利益最大化都甚为关键。以高职院校自身为主体，现代治理机制转型可从其内外部环境切入。

一、内部治理

高职院校内部治理转型是构建和完善高职院校现代学校制度的基本方式和根本途径，是实现高职院校依法治校、民主管理和民主决策的重要手段。同时，也是高职院校人才培养、科学研究、社会服务、文化传承与创新等主要功能能够充分发挥的基本保障。

(一)招生规划

学生是教育的主体,是学校存在与发展的基础和价值。因此,做好招生规划对学校而言非常重要,对高职院校尤其如此。自高等教育规模扩张以来,高职院校招生规模成倍增长,以至于出现了连年生源大战。其间,一些高职院校甚至弄虚作假,进行虚假宣传,招生吃回扣现象也屡见不鲜。可见,在生源就是生命线的招生主战场,高职院校也是使出浑身解数,吸引学生报考。从某种程度上讲,高职院校招生与就业工作往往成为其工作的重中之重。因此,构建高职院校内部治理机制,首要的便是做好招生规划。

学生作为高职院校办学质量的直接体验者和受益者,其教育主体的地位直接体现着作为利益主体的存在。因此,学生作为高职院校招生规模及其教育质量的利益主体,其受益程度是否能够形成对招生工作的良性推动,乃至形成招生品牌效应,都显得尤为重要。目前,我国高职院校招生主要依赖招生计划,即根据国家和区域经济社会发展的需要,在国家核定的年度招生规模内,结合近几年来毕业生就业情况和各省(自治区、直辖市)的生源情况,调整招生专业结构、层次结构、区域结构,自主合理地安排生源计划。与招生计划不同,招生规划作为高职院校内部治理机制转型的重要事项,需要根据高职院校多方利益主体在较长一段时期内的动态发展进行制定。尤其在多元利益主体共同治理机制下,更需根据大数据进行利益相关性分析,把握利益相关者参与的未来态势。也就是说,招生规划不是年度工作计划,而是高职院校内部治理的重要事项,也是其转型发展的重要内容。

(二)人才培养方式

人才培养是高职院校的职责与使命,也是其存在与发展的基点和目的。职业教育自诞生之日起,便为人谋生之所急,为事业之所需。故此,高职院校作为职业教育的重要组成部分,其为人和为事便成其发展之要义。关于这一点,可以追溯到高等职业教育转型发展的各个历史阶段。时至今日,未曾变更。

然而,在高职院校长期发展过程中,尤其是高职院校规模扩张以来,人才培养异化现象日益突出。其一,人才培养同质化倾向越来越明显。人才培养的理念、模式及方式同质化倾向严重。每个个体都具有独特的个性,高职教育培养人才需要遵循个体的个性。可现实却往往与此相反。加之一些高职院校追求办学的大而全，因此，造就了千校一面、千人一面的局面，办学特色不明。其二，高职院校人才培养方式本科化现象严重。这一问题既具有普遍性也具有代表性。核心问题在于高职院校专业建设学科化。其三，人才培养与行业企业等市场需求脱节严重。这也造成了人才培养与市场需求之间的结构性矛盾。

要解决这些问题，必要的就是重新梳理思路，寻找出路。从高职院校内部治理转型角度讲，就是要变革人才培养方式。例如，以多元利益主体的角度为切入点，全面建设“双师型”教师队伍，与企业实行工学结合，实行企业订单式人才培养，实施基于工作过程为导向的课程改革等。无论实施何种培养方式，重要的在于高职院校内部利益主体要实行协商共治，形成共识，达成一致。只有这样，利益主体的积极性和活力才有可能被充分释放。否则，创新高职院校内部治理机制转型便是空谈。

（三）教学管理

教学管理是高职院校工作的重心和中心，因此，高职院校内部治理机制转型必然需要重新审视教学管理的意义。与其他类型的学校相比，高职院校办学理念有其特性：其一，围绕服务区域经济社会发展、产业结构调整和产业升级进行专业建设和课程设置；其二，以培养技术技能型、应用型人才为目的；其三，以校企合作和工学结合为着力点；其四，推进弹性学制和学分制改革，与应用型本科院校等实行高校学分互认；其五，与行业企业合作，多元利益主体参与，推动开放式办学，实现多元化发展；其六，以促进就业为导向，以发展职业为目标。教学管理就是在这样的办学理念支撑下，应对日常事务性和应急性工作。

需要指出的是，高职院校生源的异质性、学生学习的特殊性、各利益主体需求的多元性要求传统的教学管理理念必须适应不断变化的需求。然而，令人遗憾的是，传统教学管理并不能很好地解决这个问题。究其原因，首先，在大部分高职院校，行政权力依然是教育教学的主导性权力，学术权力等其他权力往往居于附属地位，即便是倡导以教学为中心，但实际管理过程中，行政权力主导现象依然严重；其次，其他各利益主体实际参与高职院校教学管理非常不充分，典型表现为行业企业参与教育教学管理不够充分；再者，民主监督权力的缺乏也进一步导致教学管理的任意性、偶然性、情绪化以及行政主导权力的独大。高职院校亟须完善和构建新的教学管理运行机制，实现高职院校内部教学治理机制的转型。

（四）行政督导

长期以来，我国高职院校管理权力高度集中和统一，高职院校在管理方面多习惯于听命令，完成任务，不太注重反馈与监督。我国高职院校管理法治建设滞后，更多时候习惯于“按文件办事”，如此，法律效力和监督系统缺乏，造成法治观念淡漠。虽然我们制定了一些法规，但现实执行力及效果总因某些因素而被削弱，法律效力也不甚理想，有法不依现象时有发生。从教育管理到教育治理的转变要求高职院校增强治理自主性与发展能动性。因此，当前亟须建立健全我国高职院校教育治理监督机构，加强教育治理监督职能，理顺教育治理督导体制机制，这是与高职院校法治建设同步进行的重大改革措施。

当前，我国高职院校是教育行政管理中的主体，在政府、企业及社会等多元主体参与的教育治理体系中，具有相对独立性。即使如此，教育行政管理，尤其是教育行政督导依然是监督高职院校落实国家职业教育方针、改革等情况的重要手段。当然，实质上教育治理并非教育领域一家之事，而是关涉整个社会领域。因此，作为教育事务最重要主体的政府及其行政机关，其行政督导职能的发挥对于教育治理而言甚为关键。

二、外部治理

基于高职教育事业的多元主体事实，高职院校外部治理机制的转型必然不可避免需要其他利益主体的高度支持与配合。事实上，作为技术技能型人才的主要培养和输送主体，高职院校人才培养质量、科学研究水平、社会服务质量乃至文化的传承与创新等，无一例外都需要与其他利益主体实现有效联动与高效对接。也就是说，高职院校外部治理机制转型根本的路径就是通过多元共治，实现善治。

（一）高职院校与政府共治

高等职业教育是一项多元利益主体参与的事业。作为各项公办教育事业的举办者，政府是其中最为重要的利益主体之一。长期以来，政府集教育举办者、管理者和评价者的角色与权力于一身，在中央集权和集中力量办大事的时代背景下，这样的角色分工和权力集中确实为社会发展培养了大批的人才。然而，随着时间的推移，越来越多的人开始意识到政府作为单一主体的教育行政管理的局限性。尤其自治理论提出以来，教育治理现代化成为重新界定政府角色的公共议题。政府管理教育还存在越位、缺位、错位的现象，学校自主发展、自我约束机制尚不健全，社会参与教育治理和评价还不充分。因此，厘清高职院校与政府之间的权利义务、权力责任关系，实现共治和善治，成为构建现代治理机制的关键。共治意味着分权，分权意味着政府放权。政府需要将办学自主权下放，让高职院校成为自主办学的权力主体。与此同时，高职院校也需要提升治理能力，尤其是协调好与政府之间的关系，充分释放办学的主体性，而非依然依附于政府，亦步亦趋，无所适从。实际上，政府在这个过程中并非弱化自身角色和作用，而是转变行政管理职能，更多起着宏观调控的作用。当然，在这个过程中，政府与高职院校的关系，即政府管与学校办之间应该有管办相协调的边界或限度。否则，政府与高职院校之间便难以真正形成良性循环的治理机制。基于此，我们认为，政府更多是从制度安排的角度为高职院校治理构建良好的外部环境。例如：政府应制定和完善校企合作法等相关法律法规，在经费方面不断完善投入机制，在社会力量投入方面不断健全激励政策，在基础能力建设方面不断提升办学水平，在资助政策体系方面不断完善职业教育的国家资助政策，在就业和用人政策方面应消除目前对高职学生的就业制度障碍以及就业歧视，只有这样才能明确各参与主体应承担的职责，使这些治理主体在高职院校治理过程中“名副其实”。另外，高职院校还应依据各自学校的实际情况，制定出保障这些治理主体依法履行职责的各具特色的规章制度，从而使这些治理主体真正参与到高职院校的治理中去。①

（二）高职院校与企业共治

高职院校自诞生之日起，其基本职责便是为行业企业培养职业技术人才。《国家中长期教育改革和发展规划纲要（2010—2020 年）》明确指出：“建立健全

① 孙云志.“有限主导—合作共治”：高职院校治理模式的新路径[J].教育发展研究，2014(13)：67-71.

政府主导、行业指导、企业参与的办学机制，制定促进校企合作办学法规，推进校企合作制度化。"《国务院关于加快发展现代职业教育的决定》重点提出要健全企业参与制度，研究制定促进校企合作办学的相关法规和激励政策，发挥企业办学的主体作用。因此，鼓励和支持企业参与高职院校治理已成为完善高职院校治理结构的重要议题。

当前，高职院校与企业之间不仅需要互动合作，更需共同治理。利益相关者共同治理理论认为，一个组织，只要不是单一组织，它的发展就离不开利益相关者的投入或参与，而不同的利益相关者对自身的利益、对组织的目标实现各有自己的主张，只有建立共同治理机制，通过相互之间的沟通、合作和制约，实现不同价值、利益和权力平衡，才能充分发挥每一个高职院校治理结构的制度设计人的作用，最大限度地实现个人利益和组织目标，"组织的生存和发展依赖于其对各利益相关者要求回应的质量"①。因此，在高职院校与企业共治机制构建过程中，应充分发挥企业在高职院校治理过程中的关键作用，可以通过政府购买服务以及税收优惠等措施促使其积极参与高职院校的治理，而有关企业参与职业教育情况的社会责任报告则为企业积极参与高职院校治理添上一道"紧箍咒"。首先，高职院校完善外部治理机制应引入市场机制，积极与企业进行深度合作，让企业充分参与到高职院校决策、管理以及课程教学改革之中，体现其作为共治主体的作用和价值。其次，应建立高职院校和企业合作共治的制度保障机制。基于校企合作、产教融合等方式建立健全企业参与高职院校治理的组织和制度，应设立由主要校领导负责的校企共治专门组织机构。最后，现行企业参与高职院校治理缺少制度化约束，双方参与行为多体现为单方意愿，随意性较强，不确定性较大，存在现实的机会主义行为。因此，校企双方需要基于双方意愿合作共治，推动企业参与高职院校治理的法治化进程，积极推动企业参股公立高职院校等政策法规出台，为校企共治提供政策和法治保障。

（三）高职院校与社会共治

在经济新常态背景下，高职院校转型发展已经刻不容缓，而这种转型发展的要点之一便是高职院校与社会的共治。可以说，高职院校与社会共治已成为各利益主体的普遍共识。2014 年，《国务院关于加快发展现代职业教育的决

① 严文清.中国大学治理结构研究[M].北京：人民出版社，2011.

定》中指出："探索发展股份制、混合所有制职业院校，允许以资本、知识、技术、管理等要素参与办学并享有相应权利。"教育部职业教育与成人教育司在其当年度工作要点中也提出：引导社会力量举办职业教育，吸引更多资源向职业教育汇聚，探索发展股份制、混合所有制职业院校。因此，探索高职院校与社会共治已经成为高职院校转型发展的时代使命。

然而，高职院校与社会共治的美好愿景常常在我们的固有"社会意识"之中迷失。何以如此？其一，探究高职院校与社会共治，必须回到职业教育与社会乃至教育与社会的关系探究之中。教育的发展乃是内生于社会的，教育发展与社会变迁具有内在的一致性。在某种程度上，教育发展的滞后性常常体现为教育的主动选择与社会变迁的时代精神具有内在的逻辑一致性。因此，构建高职院校与社会共治机制，需要在社会整体性转型的宏观背景下进行理解。当前，教育的管办评分离、教育第三方评价机制、教育准公共产品的提出等皆由此而来。当然，经济新常态背景下，高职院校转型发展自然也不例外。其二，探究高职院校与社会共治，我们不能总是陷入钟摆式的思维方式之中，必须剔除"去政府化"思想。计划经济时代，高职院校的治理主体主要是政府，治理方式主要是政府管控，其事务的推进主要依靠法令以及行政手段强制展开。可以说，高职院校办学主体的多元化、治理的公共性、政策制定的开放性在那个特定的时代体现得不明显。然而在经济新常态背景下的今天，构建高职院校与社会共治机制，实现二者的善治，我们所要摈弃的是"去政府中心化"而绝非"去政府化"。

当前中国社会正处在整体性、深层次的转型发展关键期，这种转型深刻体现于政治、经济、文化等各个方面。受其影响，教育作为社会公共事务正逐渐被社会各界所认识。办学主体的多元化逐渐使得政府作为单一主体成为过去。作为教育事务的实际承担者之一的高职院校也深受社会转型发展的影响。由于受教育的公共性、市场需求的多元化等内外部因素的影响，高职院校也亟须构建良好的"校社"共治机制。从高职院校与社会共治的角度而言，"以合作治理为实践形态，整合政府组织、市民社会、公民个人多种行为主体，实现其各自独立又协调互动的信任与合作，从而能够灵活地应对公共服务的多元需求，成为服务型社会治理模式的理想治理结构"①。

① 李明强，王一方．多中心治理：内涵、逻辑和结构[J]．中共四川省委省级机关党校学报，2013(6)：86-90.

第三节　公共治理：治理机制转型的措施

公共治理不仅是一种治理理论，更为高职院校治理机制转型提供了实际操作的指导思想和基本框架。基于公共治理的基本理念和核心要义，我们认为，经济新常态下高职院校治理机制转型可从治理主体、治理方式、治理过程和治理结果四个维度采取相应的治理措施。

一、治理主体：探索混合所有制办学

传统意义上，高职院校是政府职能的延伸，是政府管控社会职能在高职教育领域的具体体现。经济新常态对高职院校提出了新的要求和挑战，政府对高职院校的治理从单一主体的管控逐渐向政府宏观主导、学校自主办学、社会积极参与的公共治理机制转型。治理主体的转型意味着高职院校不再只是依附于政府，而是更好地依据教育规律实行自主办学，社会力量参与高职院校治理的公共利益诉求得以表达，从而更好地服务于经济新常态发展对产业结构调整与转型升级的深层次需求。

当前，大力推动高职院校的混合所有制办学是比较好的选择。《国务院关于加快发展现代职业教育的决定》(以下简称《决定》)明确提出："探索发展股份制、混合所有制职业院校，允许以资本、知识、技术、管理等要素参与办学并享有相应权利。"教育部颁布的《高等职业教育创新发展行动计划(2015—2018年)》提出："深化办学体制改革，鼓励社会力量以资本、知识、技术、管理等要素参与公办高等职业院校改革。试点社会力量通过政府购买服务、委托管理等方式参与办学活力不足的公办高等职业院校改革。鼓励民间资金与公办优质教育资源嫁接合作，在经济欠发达地区扩大优质高等职业教育资源。鼓励企业和公办高等职业院校合作举办适用公办学校政策、具有混合所有制特征的二级学院。

鼓励专业技术人才、高技能人才在高等职业院校建设股份合作制工作室。支持成立混合所有制高等职业院校联盟。”除此之外，《高等职业教育创新发展行动计划(2015—2018年)》还鼓励企业行业参与职业教育，发挥企业办学主体作用，落实高职院校办学自主权。因此，探索高职院校混合所有制办学实质上是高职院校治理主体的职能转型，更好地构建、完善和运行治理机制，实现各利益主体的公共治理。从高职院校内部治理机制而言，招生规划、人才培养方式、教学管理、行政督导等治理环节都需要与实行混合所有制办学相适应。高职院校办学不再是政府单向度的决策过程，而是公共利益在高职院校办学过程中的充分表达。作为高职院校公共治理利益主体的学生、家长、企业等可以在高职院校的公益性表达、决策的公平、过程的监督、结果的评定等方面，通过规范的制度进行有效参与。如此，可以弥补教育决策在具体施行过程中的失误，作为利益主体的主体性作用得以彰显。

二、治理方式：各利益主体达成价值共识

显然，传统的高职院校管理主要依据行政命令强制进行，行政权力是高职院校进行管理的主要手段。政府则是高职院校管理过程中的唯一权威主体。高职院校办学过程中，处处体现着权力的等级化和官僚化色彩。与此同时，高职院校政策的设计、过程的管理和结果的评定主要依赖于自上而下的行政科层制，社会参与高职院校的积极性受到压制，学校自身办学的自主权受限，缺乏必要的独立性。这种管控式的管理方式强调高职院校办学绩效对上负责，其认定主体主要是上级主管部门，却忽略了多元主体的价值选择和建构社会公平的责任，其绩效难以成为高职院校办学质量的真正依据，从而被社会所普遍认同，程序正义与实质正义难以相符。高职院校办学多呈现封闭或半封闭状态，管理模式固化。

经济新常态背景下，“管控”不再作为政府治理教育的唯一价值选择。教育公共治理逐渐被社会所认同。高职院校实行利益主体共治，其动力来源于各利益主体的价值诉求。高职院校办学实行各利益主体的公共治理，其基本规则不是依据刚性制度来设计、规范和处理教育公共事务，而是通过多方共识，调节利

益相关方的权责比例。政府在公共治理过程中，主要起价值引导和规范的作用。具体来说，高职院校与各利益主体（包括政府在内）都是法律地位平等的利益主体，政府在公共治理过程中主要负责制度安排和政策支持。与此同时，基于公共治理的基本规则，须明确各利益主体在公共治理中所承担的具体事务及其权利义务。

三、治理过程：各利益主体践行过程治理

传统的高职院校管理过程多按照法令和行政手段强制开展，主要依靠法律法规以及各种规章制度等约束和规范主体的行为。具体而言，政府制定教育政策总是试图一次性解决几乎所有问题，然而，当政府在经过长期的前期调研基础上最终形成新的教育政策并准备付诸实施时，那些教育问题却有了新的发展变化，于是教育政策总是滞后于问题生发。因此，就高职院校治理过程而言，教育政策的制定需要考虑教育本身的多态性、复杂性以及各教育主体参与的意愿和程度。如果缺乏对高职院校过程治理中复杂多元性问题的及时反馈和动态修正，那么便难以真正形成治理过程各利益主体的合力。

高职院校过程治理凸显了治理的过程性和动态性。这种转型意味着治理过程中再也不能完全把行政手段强制执行作为唯一的治理手段和措施，而是需要根据社会发展的总体趋势，各利益主体之间实行平等协商共治。这个过程中，高职院校治理的各利益主体共同设计发展图景、制定教育政策，且需要及时反馈、反复修订。整个过程充盈着透明、公开、信任和正义，从而在相互理解和有效沟通中跨越狭隘的偏见，达成共识。在此过程中，高职院校各利益主体之间应建立一种基于平等协商共治的公共治理制度规范，进而逐步构建起动态的组织和行为文化。总之，在经济新常态背景下，高职院校治理过程转型意味着需要构建一种全新的关系和规则。这种关系和规则，彰显各利益主体参与治理的平等性、治理过程的协商性、治理的自愿性和网络化。

四、治理结果：各利益主体共评治理结果

从高职院校的历史传统看，其管理效果和办学质量主要由政府评定。尽管多数时候，政府在评定高职院校管理效果和办学质量的时候，也会根据社会反馈机制来进行，然而科层制和相对封闭的评定机制在多数时候忽视了其他主体的意愿。政府集各种权力于一身，高职院校成为政府办学职能的延伸却难以成为办学的主体，因为高职院校既不能根据社会发展及时地做出重大教育决策，在遭遇具体教育事务的时候也难以保持相对独立。

高职院校治理主体、治理方式及治理过程的转型为高职院校治理结果提供了转型的基础。这也意味着打破高职院校各利益主体参与评定治理结果的无助与失语状态。治理主体的多元性、治理方式的平等化、治理过程的动态性和公正性使得高职院校的治理结果的客观性和科学性有了可靠的依据和保障。据此，我们认为，应建构高职院校与其他各利益主体共评治理结果机制。共评机制需要基于各利益主体的核心利益框架协商建构，且共评机制需要各利益主体通过合同约定的方式建立公平公正、具有法律效力的共评规范。各利益主体均需在规范的共评机制中追寻自身的价值诉求并做出符合各方意愿的教育决策。

高职院校治理机制转型是构建高职院校现代学校制度、实现和完善高职院校治理体系和治理能力现代化的重要途径。经济新常态下，高职院校必须从外延式发展转向内涵式发展，确立以质量为本的治理转型的根本方向。与此同时，经济社会发展（如产业结构调整和升级）迫切要求高职院校及各利益主体必须从其内外部发展环境重新审视高职院校治理机制转型之于利益主体的价值，不断助力其构建和完善内外部治理机制，以共治促善治。

第九章

经济新常态下我国高职院校发展方式的转型

高职院校治理机制的转型，是构建高职院校现代学校制度、实现和完善高职院校治理体系和治理能力现代化的重要途径，是高职院校成为办学主体的有力保证。高职院校要成为办学的主体，在技术进步、产业升级、创新驱动等要求下，就可以根据区域差异、产业差异、传统差异，进行高职院校发展方式转型。高职院校治理机制的转型为高职院校发展方式的转型奠定了坚实基础。

我国幅员辽阔，各地区在经济历史条件、资源条件、经济基础与发展水平等方面存在很大差异。作为一个发展中的大国，我国目前正处于经济转型的新阶段。

在经济新常态下，我国现行高职院校的发展方式已经不能满足区域发展、产业升级、特色差异的需求。毋庸置疑，高职院校粗放型发展方式必然需要调整，回到高职院校转型发展的指导思想上来：以就业需求为方向，以系统培养为结构，以产教融合为机制，以工学结合为方式，以全面发展为目标。而与此同时，高职院校发展方式的成功转型，又会为当地区域性合理布局、产业性合理配置、特色性合理构建提供强大的精准的人力资本助力。

第一节　区域差异——区域性合理布局

从经济地带上划分，我国可以分为东部、中部和西部三个区域。按照区域经济理论的观点，东部包括8省3市：辽、京、津、冀、鲁、沪、苏、浙、粤、闽、琼；中部包括8省区：黑、吉、晋、豫、皖、赣、鄂、湘；西部包括12省区市：渝、新、甘、青、内蒙古、宁、陕、藏、川、云、黔、桂。

东部地带主要位于东部季风区内，气候湿润，雨热同期，有利于作物生长；地势低平，有利于开发利用；地理区位上，面向大海，有便利的海运，为发展开放型经济提供了条件。从改革开放政策上看，东部优先成为“先富起来”的区域；中部作为交通、物流枢纽，其发展紧随其后；而西部因为地理条件限制、政策扶持较晚等原因，区域经济发展属于较落后的状态。因此很长时间以来，在经济发展水平和经济发展速度上，都是东部领先中部、中部领先西部，区域经济差异客观存在。从优先发展到均衡发展，如何提升本区域经济发展，并在不同区域间进行优势互补，是高职院校发展方式转型中需要关注的问题。

一、高职院校培养本区域经济需求人才

高等职业教育是直接为区域经济服务、为地方培养应用型专门人才的教育类型。为了实现高职院校与区域经济的联动发展，高职院校必须在区域经济提供的场地及经费支持下，根据区域经济的需求，对本区域人口资源进行初级加工，将人口资源转化成具有一定知识和技能的劳动者，实现人口资源向人力资源的转化。同时，高职院校通过对人力资源进行知识技能传授和价值培养，使之产生经济效益，实现人力资源向人力资本的转化，满足区域经济对人才的需求，为区域经济的发展注入新鲜血液，从而推动区域经济的发展。

(一)高职院校发展与区域经济发展的不协调

高职院校发展与区域经济的联动发展,是两者共同发展的理想状态。然而在现实中,高职院校发展与区域经济之间,还有诸多困难待排除。

首先,经济发达地区技术型或高技术应用型人才稀缺。我国经济发达地区的区域经济结构不断调整升级,越来越多的区域实现了由劳动密集型产业向技术密集型产业,再向知识密集型产业的转换,技术结构实现了由原始技术向中间技术,再向高端技术的转变。因此,相应的,需要更多服务于区域经济的技术型及高技术应用型人才。现实却是,区域经济发展在高技能型人才“量”与“质”上的高要求,与高职院校人才培养层次上的“安于现状”形成了强烈反差。

以制造业为例,发达国家从事制造业的工人中,技师、高级技工占80%～90%,而我国制造业工人中,初级技工、中级技工占80%～90%。① 根据数据我们可以看到,我国中、高级实用技术人才严重匮乏,高职教育人才培养模式与区域经济需求不匹配,这对高职院校的人才培养层次提出了新的要求。

其次,经济欠发达地区,高职院校毕业生规模远超区域经济发展对人才数量的需求。在一些经济欠发达地区,受区域内普通教育质量水平的限制,较多的学生因不能升入好的大学而被迫选择进入本区域内的高职院校就读,导致区域内职业院校输出的毕业生规模远超本区域经济发展对人才数量的需求,企业岗位数量有限,导致很多高职毕业生无业可就,造成内耗及资源浪费,这对区域内经济的深度发展提出了新的要求。而同时,在经济欠发达地区,区域内相关企业的生产能力有限,能够提供的岗位薪资待遇又不能满足高职院校毕业生的生存所需,造成人力资源的流失,这对区域间经济的不协调发展提出了新的挑战。

(二)高职院校的合理布局直接影响区域经济建设

以重庆市为例,根据区域经济发展的布局而相应形成的高职教育“一体两翼布局”基本成形。但从办学区域来说,高职教育分布在大城市和区域中心城市。31所高职高专院校,都市发达经济圈9个区18所,一小时经济圈23个区县27所,渝东北翼11个区县仅3所,渝东南翼6个区县仅1所。高职院校的区域布局不尽合理,部分渝西地区、渝东北翼、渝东南翼的高职院校比较少,满

① 刘松莉.我国职业教育对经济发展的影响及发展对策[J].中国商贸,2009(5):216-217.

足区域经济发展要求的人才也相应比较少，这与重庆“特大城市”“中心城市”的城市布局和建设都市发达经济圈、渝西经济走廊、三峡库区生态经济区三大经济区的发展不匹配。[①] 人才的数量和质量都达不到区域经济发展的需求，势必会制约当地经济的发展。

高职教育要与区域经济的分布实现配套，需要整合各方优势资源，发挥整体效益，形成与经济发展相适应的高职教育规模与质量。区域经济原有的分布结构是基础，高职院校本身的布局结构调整是前提。

首先，若区域内占优势地位的企业或经济集团与高职院校间彼此地理位置相距甚远，那么，不同类型、不同层次高职院校间可以先进行点对点沟通，再在企业间进行线到线联结，从而围绕优势企业或经济集团，形成网状分布结构。以区域企业人才需求为导向，定制对口高职院校的专业人才培养规模和质量，实现区域企业与高职院校间桥梁的无缝对接。例如，2018 年 6 月，重庆电子工程职业学院与长安汽车股份有限公司共同组建长安汽车大学智能制造工程学院。校企双方将围绕汽车检测与维修技术、汽车技术服务与营销专业方向联合招生办学；融合长安汽车旗下全系产品售后维修技术培训和新品上市技术培训；利用电子技师学院对汽车类专业进行非学历教育招生，并进行培训培养，开展汽车技术行业技术服务和认证；整合校企资源开展国培市培汽车、机械大类技术培训；并推荐智能制造工程学院学生优先在长安汽车实习和就业等。这是重庆高职院校推进优质校建设、探索校企混合所有制办学的创新举措，是高职院校对接本地企业的范例。

其次，若区域内大型企业或经济集团与职业院校间相隔较近，那么，职业院校间可以先将多个不同类型、不同层次的高职院校通过撤销、改办、兼并、联合、升格、合并重组等方式组建职业学校集团，并在地理位置上与相近的企业实现沟通，围绕分布集中的经济实体形成片状包围结构，拉近区域经济实体与高职院校间的距离，从而减少资源的内耗，实现区域内部资源的共享与优势互补。比如，重庆渝北区以重庆江北机场为中心，联合若干高职院校，建立航空学院，以市场就业为导向，融合航空行业资源和高职院校的专业建设，培养出真正贴合企业生产需要的技能型人才。

---

① 朱德全，杨鸿．职业教育城乡均衡发展问题表征与统筹保障——以重庆市为例[J]．教育研究，2012(3)：57-65.

二、高职院校发展促进不同区域间人才优势互补

在经济新常态下，我国经济发展从注重效率逐渐向注重公平的方向转变，区域经济发展进入"先富带动后富"的阶段，要缩小区域间差距，先富起来的区域要带动后富起来的区域，不同区域间应进行经济合理布局，取长补短，共同发展。

（一）缩小东西部差距

长期以来，东部地区在人力资本和技术创新能力的量和质的方面都远远领先于西部地区。反观西部，大量紧缺生产要素只出不进，处于"要劳力缺劳力，要智力没智力"的落后状态。西部的发展不仅长期滞后，而且还制约着中国的整体发展步伐。为了缩小东西部地区差距，提高经济发展的整体水平，国家推出西部大开发计划。国家用较大的投入来支持西部基础设施的建设，并在拓宽招商引资等方面向西部进行政策倾斜，而西部开发的各类项目，都急需一大批能解决实际问题的应用型人才。西部大开发战略的实施，为本区域内高职教育的发展创造了难得的机遇，同时也提出了紧迫要求。西部地区经济较为落后，所在地区财力有限，导致教育资源相对紧张，高职院校要想获得长足发展，需要最大限度挖掘学校内外教育资源的潜力，大力建设与专业相应的实训、实习场地，保证教学设备的齐全，师资力量的完备，教学场所、图书仪器的支持。这些都是高职教育人才培养的基础物质保障和软硬件资源保障。西部地区高职院校还应积极向东部地区优秀高职院校学习，积极签署对口合作框架协议，在师资培训、专业建设、社会服务、国际合作交流等方面进行深度合作。通过不同区域间高职院校的对口支援，西部地区高职院校可以向东部地区高职院校借鉴人才培养方案和校企合作模式，促进不同区域间人才优势互补，逐步改善西部地区人才培养规格的质和量，从而有效缩小东西部差距。高职院校通过送教育送培训，促进不同区域间资源交流，鼓励不断成长的人才在不同区域间流动，促进区域间的均衡共赢发展。因此，高职院校对人力资本的培养就肩负着区域间人才合理布局的重任。

(二)以城市带动乡村职业教育

要缩小城乡差距,城市要带动农村发展,城市应提供与周边农村、农业、农民相匹配的职业教育与培训。区域内大、中城市的职业教育应与县乡镇村的职业教育和培训网络实现互通,保证职业教育和培训体系在乡镇和村全面覆盖,并有效结合农村特有的农业资源,开发相应的高职专业。

此外,根据农村人口状况,对农村剩余人口进行职业培训,满足当地社会需求,创造就业岗位;同时鼓励一部分农村剩余劳动力留在农村发展特色农业,支持农村经济发展;对另一部分农村剩余人口,尤其是在新城镇化进程中的失地农民进行转移培训与技能培训,鼓励他们进入城镇中实现再就业,从而为城镇经济的发展奉献力量。

这里以重庆市(直辖市)为例介绍我国城乡统筹职业教育发展的成功经验。重庆通过城乡统筹较为有效地缩小了城乡差距。在城乡统筹职业教育方面,重庆也进行了有针对性的改革,主要可以概括为三个方面。

一是形成了以“六带”为标志的“永川模式”。“六带”即以附中分校模式为标志的“以院带校”,以教育集团模式为标志的“以校带校”,以综合中学模式为标志的“以校带人”,以上挂下派导师模式为标志的“以人带人”,以社会学院模式为标志的“以人带区”和以城校企三位一体乡村基地建设模式为标志的“以区还区”。“六带”模式使重庆职业教育城乡统筹落到了实处,而且持续富有生机与活力。永川的“城校互动”也被教育部称为全国第四种职教模式——永川模式。永川模式不仅有效促进了城乡统筹事业的不断发展,也反过来促进了职业教育事业的蓬勃兴起。永川职教城现有包括 6 所省部级和国家重点学校的中高职院校 30 所,共有 10 万名在校生。永川模式也激活了职业技术培训,目前有职业技能培训机构 20 个,每年开展相关职业培训达 1.5 万人次。职业教育基地共开设 90 余个专业,形成了以数控机电技术、电子技术、旅游服务等为龙头的示范专业群。[①]

二是扎实开展“送教下乡”活动。近年来,重庆市由职业教育管理部门、职

---

① 石伟平,陆俊杰.城镇化市民化进程中我国城乡统筹发展职业教育策略研究[J].西南大学学报(社会科学版),2013(4):56-63,174.

业教育学会和相关职业教育研究机构牵头，积极整合辖区内高校、中职、行业企业等各方面力量，积极开展“送教下乡”活动。有针对性的“送教下乡”活动不仅提升了城市职业院校名优教师参与教育教学的热情，而且有效增加了农村薄弱职业学校教师参与研讨和交流的机会，使其在对话活动中提升专业能力。

三是“大课堂”教学改革。所谓“大课堂”是指以“班群”为单位组织教学，同一教学时间有5～8名教师参与活动，在互动与体验教学中领悟人际关系、文明礼貌、仪表风范、职业言语等内涵。这一改革以职业教育的基础平台课作为载体，以“实用”和“够用”为目标来提升学生的职业素养、礼貌习惯等综合能力，学生在体验性教学过程中增强了职业信念，提升了专业信仰。①

因此，重庆职业教育通过扎扎实实地落实教育教学具体环节的举措，较好地统筹城乡发展，通过城市助力乡村教育发展，实现城市带动乡村经济发展。

（三）推动高职院校层次结构与区域间经济技术结构的对接

区域间经济发展不平衡，很大程度上是因为区域间经济技术结构有差异，与能满足经济技术结构的人才层次不匹配。为了实现人力资源与区域经济技术结构的匹配，就需要推动高职院校层次结构与区域间经济技术结构的对接。人力资源通过在学历、技能方面的提升，实现由初级、中级到高级的可持续发展，并在不同区域间进行合理流动。

一直以来，高职教育与高等教育在我国都是双轨制。很多初级技工向中高级技工人才不断进步时，往往在高职教育与高等教育的双轨制面前束手无策，无法实现学历的提升。我国高职院校尚未打通与普通高等教育的培养通道，现有的专升本考试存在考试内容与专业技能脱钩的问题，并且专升本升学率很低，这些都导致高学历型技能人才培养的实践与探索困难重重。一方面，区域技术型或高技术型人才稀缺，另一方面高职院校培养的大批毕业生又因与企业所需的技术人才层次不匹配，导致“技工荒”与“就业难”并存。

因而，区域职业教育在人才培养层次上，最重要的首先是打通高级技工人才在学历提升上的通道，大力推进高职教育在本科及研究生层次上人才的培

① 石伟平，陆俊杰．城镇化市民化进程中我国城乡统筹发展职业教育策略研究[J]．西南大学学报（社会科学版），2013(4)：56-63，174．

养，为我国先进技术和尖端技术的发展储备高端人才。同时也要稳步强化中等职业教育人才培养质量，以中等层次人才为纽带，通过原始技术、初级和中级技术的上移，促进区域经济技术结构的深层次发展，打通初等、中等、高等层次人才的沟通与衔接通道，为我国高端技术的发展奠定人才基础。

在不同区域间推动高职院校层次结构与相应区域内的经济技术结构的对接，鼓励人力资源通过学历、技能提升在区域间合理流动，促进区域间的技术型或高技术型人才的就业质量，对不同区域间人才优势互补具有重要意义。

第二节　产业差异——产业性合理配置

改革开放以来，中国经济实现腾飞，由制造大国逐渐成为制造强国，科学技术迅速发展并应用到生产领域，产业结构不断升级。劳动密集型产业，逐步被知识技术密集型产业替代：一些传统产业衰落，老的职业逐渐消失，高职院校相关专业“招不到生”或“学生就不了业”；一些新兴产业兴起，新的职业不断产生，高职院校的专业设置又准备不足，相关企业出现“用工荒”。产业结构转换带来的劳动力就业结构变化，必然要求高等职业教育的专业建设与产业相对接，人才培养规格与产业企业的岗位相关。因此，高等职业院校的人才培养结构调整，要从产业结构大局出发，考虑办学的超前性，调整专业结构和课程设置，更好地为产业升级服务。

一、校企合作助推高职院校专业发展与产业结构匹配

《国务院办公厅关于深化产教融合的若干意见》（国办发〔2017〕95 号）指出：“推动学科专业建设与产业转型升级相适应。建立紧密对接产业链、创新链的学科专业体系。”高职教育是直接为产业发展培养高素质技术技能型人才的资源库，高职教育专业设置与产业转型升级存在紧密关联，这种关联既体现在

内容上，也体现在方法上。内容指高职教育要培养出符合产业发展需要的人，包括专业建设理念、人才培养定位、专业课程设置等；方法指如何培养符合产业发展需要的人，包括人才培养模式、专业师资水平、实训基地建设等。

校企合作是我国高职教育改革和发展的重要途径之一，是提升现代职业教育质量的根本之路，也是高职教育与产业对接进行产教融合落地的具体表现。如何根据市场的需要，形成与产业结构相适应、与专业特点相符合的人才培养模式，是校企合作模式建构的重要参考点。

(一)高职院校专业结构与产业结构配置不匹配

在我国，高职院校专业长期存在重复设置的情况，同构化现象普遍存在。众多高职院校在设置专业时，往往选择经济投入少、教学成本低、社会需求热的专业，一哄而上。如计算机类、财经类、工商管理类，常出现开设院校多、招生人数多、专业布点集中等现象。这种同构化现象，对市场而言非常容易出现需求饱和、人力资源浪费的情况，很多专业出现“招生热”“就业冷”的矛盾现象，严重影响高职毕业生就业甚至高职院校的教育质量。①

其次，高职院校专业结构设置与产业结构不对接。在我国多地均出现区域高职院校专业结构设置与当地产业结构不对接的情况。有些专业的市场预期需求量大，但是高职院校教育相对滞后于社会发展，因此往往出现专业设置滞后，力度较小，市场需求专业规模不足。同时，有的产业所需专业严重缺乏，不能满足产业发展需求。

下面以河南省和重庆市为例进行剖析。

从河南省2010—2012年三年三大产业的生成总值构成情况来看，第一，第二产业所占比重逐年下降，第三产业所占比重正逐年增加。河南省产业结构因某种原因正发生着一定程度的变化。同时，根据河南省2012年发布的紧缺型职业(工种)的情况来看，河南省在机电技术类、电子通信类、交通运输类等8大行业类的60个职业(工种)上人才紧缺，这些行业和工种主要集中在第三产业。这反映了河南省第三产业具有良好的发展前景。然而，从河南省高职院校的专业结构情况看，存在着专业设置重复与专业空缺并存的情况，如专业设置的平

① 李雯.北京高职院校专业结构与产业结构的协调发展研究[J].教育与职业，2013(6)：16-18.

均重复率达4.2(个/种),部分第三产业类专业布点少甚至空白。这一现象在全国各省市较为普遍。以河南省的高职院校为代表,其在专业结构的设置上,与区域经济产业结构的对接度并不高,必将对高职院校的自身发展成长及产业结构的纵深发展造成障碍。

以重庆市为例,重庆市基本形成由汽车摩托车、装备制造、天然气石油化工、材料工业、电子信息、能源和轻纺劳动密集型产业组成的“6+1”产业体系,以及43个特色工业园区的区域布局。重庆市高职专业设置在电子信息类、制造大类、财经大类这些传统的专业大类上,布局基本契合重庆产业结构的发展需要,但专业总数仅243个,明显偏少,不及全国专业总数的一半。尤其在汽车摩托车、天然气石油化工、材料工业、能源和轻纺劳动密集型产业等方面的专业布局点数上明显不能适应产业结构的需求。①

高职院校专业结构与产业结构配置不匹配,无法提供满足产业结构需要的人力资源,直接制约当地产业转型升级。因此,高职院校必须通过校企合作模式,根据市场的需要,监控专业就业情况,调整相关专业设置,深化产教融合,形成与产业结构相适应的人才培养模式,满足产业结构需求。

(二)校企合作助推高职院校专业结构与区域产业结构的匹配

传统的高职教育人才培养模式最大的弊端在于难以满足企业对技能型人才的精准化需求,“培养数以亿计的高素质劳动者和技术技能人才”是对我国职业教育人才培养目标定位的总体要求。因此校企合作的有效性,必须体现为目标定位的精准性,也就是学校供给侧人才培养目标定位,必须与产业需求侧的人才要求保持一致。

但目前校企合作改革还存在以下几方面的问题:一是身份认可与理念冲突问题,教育办学的公益性与企业经营的营利性之间的矛盾有待协调。企业经营发展以赚取利润为目的,导致民营资本与公有资本在办学思路上相左。二是公办高职院校的管理体制相对落后,不能完全满足“校企共同体”运行,还需不断完善高职院校创新管理体制。三是公办高职院校负担较重,虽然“校企共同体”进行独立财务核算、独立教学管理,但其发展仍然无法脱离学校,学校是问题的

① 朱德全,杨鸿.职业教育城乡均衡发展问题表征与统筹保障——以重庆市为例[J].教育研究,2012(3):57-65.

主要解决者、协调者，又是场所的提供者和安全的保障者以及责任者。过重的负担使学校无法满足共同体的快速发展需求，从而出现校企配合不够默契、资源利用不够高效、教育管理不够规范等问题。四是混合所有制缺乏法律依据和政策的保障支持。对于混合所有制办学，各级政府并未制定相应的实施条例来规范，也未建立专门的协调机构负责设计、监督、考核和推进，混合体难以获得主管机关及行政部门的充分协调。① 这些政策保障问题需要高职院校和企业在政府上级主管部门的协调下，高度重视并认真破除壁垒，扫清校企合作目标定位精准性道路上的障碍。

同时高职院校在“就业导向”引导下，把“就业率”作为高职人才培养的重要指导，对于人才培养多采用“复合型”“宽口型”方式，形成“什么都要学”“什么都可干”的假象，实际上“学非所用”，与就业岗位需求不匹配，造成教育资源浪费。解决这些问题需要校企合作过程中产教的深度融合，在产业链中寻找定位，在行业人才结构中寻找定位，在企业岗位技术链上寻找定位，这样才能符合产业提升的需求，实现高职教育人才的高质量、高匹配就业。如湖南铁道职业技术学院与中国中车共建高速动车组技术专业，与企业合作制定国际化人才培养标准，培养高速铁路技术与售后服务国际化人才，毕业生连续 4 年 100%就业于轨道交通企业。②

现代工业、新型服务业成为产业转型升级的主要趋势，技术技能型人才的培养需要高职院校直面挑战，实施市场主导型专业设置模式，大力进行专业和课程改革，实现与区域产业结构的匹配。与其同时，高职院校也将迎来自身发展的蓬勃机遇。《2017 中国高等职业教育质量年度报告》显示：高职院校积极围绕新兴产业发展对技术技能人才的需求开设新专业，服务“中国制造 2025”“互联网＋”等的智能制造、电子信息、物联网、移动互联、智能家居等的专业点达到 9544 个；服务民生需求、新兴产业的康复护理、健康养老、公共事业、休闲农业等专业点达到 2559 个，为国家重大战略的实施和民生发展提供人才支

① 吴益群，杨泽宇. 国际化校企共同体：混合所有制办学实践新模式[J]. 职教论坛，2016(8)：52-55.

② 上海市教育科学研究院，麦可思研究院. 2017 中国高等职业教育质量年度报告[M]. 北京：高等教育出版社，2017：19.

撑。[①]根据产业需要，高职院校删减一些重复设置专业与难就业专业；将相邻相近专业进行整合，设置综合专业；增设与区域特色资源配套的新兴专业，并瞄准产业结构的新动态，合理调整专业结构的比例，创办符合产业新动态的新兴专业，提升专业结构的能级，以建构与产业结构相匹配的专业结构体系，最终适应产业调整和技术提升的内在要求，达到校企合作定位精准的目标。

随着北京文化创意产业的兴盛，北京几乎所有高职院校都有不同程度的更新，包括专业名称及专业内容的更新。比如，北京多个院校将“美术”专业拓展为“艺术设计”“广告设计与制作”等应用性更强的专业，并对一些异质专业进行融合，将“计算机应用技术”和“美术”结合调整为“影视动画”“电脑艺术设计”等新需求专业，以更好地适应产业发展的新需要。这种高职教育超前的准备意识，也受到产业市场的欢迎，相关专业的人才非常紧俏，就业质量也进一步保证了高职教育的教育质量。

越来越多的高职院校，通过校企合作助推高职专业结构与区域产业结构的匹配，对接学校供给侧人才培养目标和产业需求侧的人才要求，实现目标定位的精准性，助力产业升级发展。

二、产学研一体化助力高职院校服务于产业升级

伴随着经济的发展，社会需要大量具有专业理论知识、较强实践技能，并能在可持续发展过程中进行钻研、解决实际问题并实现技术创新的高级应用型人才。这种更高要求的人才目标规格，不仅要坚持校企合作、产教融合，还要拓展工学结合、知行合一的渠道，重视职业岗位能力的培养，采用产学研一体化模式训练学生的技能。这种模式能够把生产、科研和社会服务等过程和教学过程紧密结合，教师具有教学能手、生产能手、科研能手和师傅的多重角色，学生具有生产工人、科研工作者和徒弟的多重身份，在生产过程中无缝对接培养学生，把教、学、做统一起来，非常适合高职学生理论学习起点低，实践动手模仿能力强

① 上海市教育科学研究院，麦可思研究院. 2017 中国高等职业教育质量年度报告[M]. 北京：高等教育出版社，2017：21.

的特点。因此,产学研一体化是高职院校进行人才培养创新的重要举措,提升高职人才培养水平,服务于产业升级发展。

(一)高职院校产学研与产业升级配置的现状

高职院校积极与企业合作,获得企业资源支持,在资源融合的基础上为企业输送生产一线人才,在科研方面弥补企业的短板,实现校企合作共同发展,这也是高职院校产学研一体化的基础。

高职院校产学研一体化以产学研基地作为运作实体,集教学、生产、科研等活动于一体,是在真实情境下进行的产品生产、技术服务、科学研究、创新创业等活动,高职学生在这个过程中实现自我教育和自我提升。高职产学研基地不是一开始就直接发展为校企共同投资共同受益的综合体,而是依据供需方的不同动力,从简单互动,逐步完善为集生产、科研和育人为一体的综合多功能平台。具体来说,高职产学研基地经历了由简单到复杂的阶段。

一是资源共享型高职产学研基地。这一阶段的合作目标就是资源共享。从企业角度来看,企业为高职学生提供顶岗实习机会,为教师提供挂职锻炼机会,同时企业以人才需求方参与高职院校人才培养方案的设计和实施,提供行业兼职教师指导学生进行实习实训实践。从高职院校的角度来看,学校为企业在职员工提供职业技能培训和鉴定,为企业提供精准化专业人才供给。

二是项目研发型高职产学研基地。这一阶段的合作目标是解决企业和高职院校双方在教学、生产和技术等方面的难题,合作形式以项目为纽带。通过项目研发,企业提供真实问题情境,高职院校利用师生智力资源帮助企业解决技术难题。

三是校企共建型高职产学研基地。这一阶段是高职院校产学研基地的高级阶段,由校企共同出资,建立共同建设、共同运营、共同管理的综合多功能平台,集生产、教学、科研于一体,共享育人、生产、科研和创业的成果。

目前,高职产学研基地在校企合作、工学结合的背景下不断发展,但是现实中想达到互生共赢的局面,还面临很多困难。一是缺乏具体政策支持,无法让企业获得利益保障,影响企业参与产学研基地建设的积极性;二是高职产学研基地的行政化干预过多,无独立的自主决策权,导致企业参加产学研基地建设的积极性下降；三是缺乏市场需求指导，科研针对性不明确，造成产学研基地有限资源的浪费。这些因素导致高职院校产学研基地创新能力不足，科研成果转化为生产力困难，必须集政府、企业、高职院校力量来集中破除困难，扫清障碍。

(二)产学研一体化助力高职院校服务于产业升级

高职产学研基地在破除道路上的障碍后，能吸引更多企业和社会资源进入高等职业教育的领域，相互取长补短，开展技术研发和科研创新，实现知识的生产、传递、消化和转移，实现相互促进、协同发展。

高职院校在转型发展过程中，不断探索新的人才培养模式。把学生的学习和工作相结合，划分为在校学习和在企业工作交替进行的“工学交替”产学研一体化教育模式，在不突破现有学制的前提下，实现学习内容与工作范围实践的交替循环，保证学生的实践在正常教学计划和课堂学习的前提下顺利进行。

各地政府可以借鉴国外产学研合作模式的先进经验，通过多种渠道和方式加强对产学研人才培养的宏观调控，引导产学研深度合作模式健康、快速、有序、高效地发展；政府的资金杠杆，可向为进行产学研人才深度合作提供便捷的行业企业倾斜，同时提供税收上的优惠政策，使行业企业在参与产学研人才深度合作的同时，能得到更多的政策优惠与帮助，鼓励其积极性；政府可以设立产学研人才合作基金，并专款专用，对产学研人才深度合作提供宏观的政策保障；提供信息交流和共享平台，开辟更便捷、更宽、更广的信息沟通交流渠道，为我国高职院校产学研人才深度合作有序、稳步、健康发展贡献一份力。①

依据基本能力、专业能力和职业能力要求，按照专业基础实训、专项技能实训、专业综合实训和顶岗实习四个层次，采取自建、共建、捐建等多种方式，在企业专家的指导下，建成一批融教学、培训、生产、职业技能鉴定和应用技术研发等功能于一体，具备系统性、生产性、开放性特征的校内实训基地。按照“以专业带产业，以产业促专业”的思路，创新“校企一体”管理体制与运行机制，建设“产学研一体”的满足学生综合实训和生产实习需要的校办产业；紧紧依托校企合作，完善实训基地共建共管的长效运行机制和校企一体的实践教学管理制

① 任炜. 高职院校产学研结合人才培养模式的研究[D]. 长春：吉林农业大学，2012.

度，建设校外顶岗实习基地，使学生有足够的时间进行顶岗实习。[①]

比如，宁波地区就产学研一体化模式进行了探索，取得了较好的效果。宁波职业技术学院、宁波开发区政府、宁波市经济和信息化委员会三方按股份化公司制模式组建宁波经济技术开发区数字科技园。数字科技园着力破除校企合作体制机制障碍，政校企合力将数字科技园建设成为产学研一体化的合作教育基地，推进“学院园区融合”育人模式改革。在运行机制上，园区企业技术骨干担任专业带头人和兼职教师，园区企业为专业教师挂职提供岗位和技术指导，为学生提供顶岗实习岗位和毕业设计指导，对学生创业进行扶持等。这些举措都可以作为减免税收的条件，充分调动园区企业的积极性。“院园合作”共建的专业在教学改革、人事聘任等方面拥有较大的自主权。园区企业与学院广泛合作共建二级学院，直接与区域经济对接，共同设置专业方向、制订专业人才培养方案。企业全面参与课程建设与专业建设，制定学生职业素质和职业技能的考核标准。[②] 此案例堪称产学研结合较成功的典范。

第三节　传统差异——特色性合理构建

高等职业教育的重要发展目标就是为企业培养对口人才。为地方传统特色产业培养适配人才，是地方高职院校义不容辞的责任和义务。传统特色文化一般具有区域性和资源性，因此，在经济新常态要求下，地方高职院校要分析“地方特色”的区域特点和资源特色，充分挖掘自身条件和地方实际，积极对接传统特色企业，创建或强化相关特色专业，深化校企合作、产教融合，坚持工学结合模式，联动各方力量，促进高职院校毕业生的就业及未来职业发展，为当地特色产业合理化构建、发展传统文化贡献力量。

---

① 宋明江，石健壮，胡守敏. 基于校企合作的职业教育人才培养模式探略[J]. 现代经济信息，2016 (19)：422-423.

② 苏志刚，郑卫东，贺剑颖. 高职院校产学研合作教育模式的机制策略创新研究——宁波职业技术学院“院园融合”育人模式探索[J]. 高等工程教育研究，2012(5)：147-151.

一、高职院校依据地方特色培养专门人才

(一)高职院校专业建设与传统特色人才需求不匹配

高职院校的专业建设是人才培养的主要途径，是对接社会需求、服务地方经济、助力产业升级的纽带。专业特色可以从专业结构有特色和专业本身有特色两个方面来理解，而这样可以充分挖掘传统特色的内涵，从传统特色人才需求出发，集中优势资源力量建好特色优势专业群及优势专业，使高职院校与地方特色产业良性互动、同步发展。

然而现实中，在专业开发层次上，很多高职院校仅以专业的“热门”程度作为专业开设的依据，并没有结合当地的特色，导致地方资源与人才资源的浪费。据统计，高达 84.52%的高职院校开设计算机应用专业。这种在专业设置上的盲目跟风，致使一些热门专业输出的毕业生供远大于求，而本区域优势资源或技术的开发利用急需人才却又供不应求或不及标准。例如，某地区盛产稀有矿物——锂铍铌钽矿，但当地的高职院校很少涉及这方面人才的培养，或培养出的仅是一些较低层次的人才，远远不能满足本区域优势资源的开发和利用的需求。因此高职院校培养的专业人才与本区域的经济特色不匹配，企业不能旁观坐等，只寄希望于学校能培养出技能人才为其所用，应以招聘人才的途径加强与高职院校在人才培养类型及质量上的沟通。高职院校也不能关门办学，而要将区域产业人才需求作为专业人才培养的重要指导方向。

(二)高职院校依据地方特色创建特色专业

不同的区域有其发展成规模的一些传统经济产业，高职院校的专业能否依据这些传统经济产业进行正确定位，培养的人才能否满足地方需求，是高职教育能否健康发展的前提。这就要求高职院校紧紧围绕当地特色企业产业链的工作岗位需要来设置专业，深入细致地分析岗位需求及岗位技能要求，与企业充分沟通协调，坚持供需一致的原则，最后确定专业的开设方向。例如，广西现代职业技术学院所在地河池是世界有名的有色金属之乡，有色金属在整个生产的产业链当中需要的人才是采矿、化学分析、选矿、冶炼、产品深加工等方面的。

广西现代职业技术学院在专业的设置上就有针对性地开设了与之相对应的专业和相应的一些配套专业，如机电、机械等。① 这样强调专业培养目标与地方实际需要相结合，就是高职院校做到以市场为导向、服务地方特色经济建设的积极探索。

二、高职院校借力传统特色促进毕业生就业

高职教育为经济服务，其人才培养质量得到企业认可，毕业生能就业、就好业，也是高职院校教育质量的重要衡量指标。而借力传统特色，是高职院校增加毕业生就业机会、提升毕业生就业质量的良好途径。

（一）社会上还存在着对高职教育的误区与偏见

学科型主导的教育价值取向，使得人们更崇尚理论型、研究型人才，而轻视技术技能型人才。在这种人才观影响下，我国历来就没有培养劳动者的教育观念，基础教育并不过多传授学习者谋生和发展的技能手段，而通过"学而优则仕"的途径来改变个人身份和社会地位。因而，学习成绩较好的学生都努力进入本科教育轨道学习深造，而往往只有那些文化成绩不理想的低分考生进入高职教育轨道。根据北京市的统计，第一志愿报考高等职业技术专业的考生不到10 %，2002 年北京市某职业技术师范学院录取的400 多名本科生中，第一志愿考生仅有 6 人，第二志愿考生仅有 11 人，第三志愿考生也只有 12 人。这种状况固然与职业院校的办学质量有关，但是传统观念的影响也是显而易见的。这一偏见在相当多领域占有市场，对高职教育的发展产生一定阻碍。

在社会的偏见面前，有些高职院校出现定位不清的问题。就培养目标而言，高职教育区别于普通高等教育，主要任务应该是培养高技能人才，即第一线需要的生产、建设、管理、服务应用型人才。但是有的高职院校成为"中职教育的放大版"，忽视对学生职业素质、职业发展能力的培养，导致人才缺乏可持续发展性；还有的高职院校成为"本科教育的压缩版"，忽视对学生职业技能的训练、实操技能的培养，导致人才与一线脱节。

---

① 谭琦耀.高职为地方特色产业提供人才培养的模式[J].职教论坛，2010(26)：69-71.

改变这种外界偏见和内在定位不清的问题，就需要高职院校能因地制宜，积极与当地各方力量沟通合作，并借力传统特色，打造优势专业，保证毕业生就业质量，树立高职教育品牌。

（二）借力传统特色积极建设高职毕业生就业市场

我国传统文化历史悠久，不仅以文化观念的形态影响着人们，同时也以客观事物作为载体，物化为不同区域的不同资源，这其中的一部分就形成了有地方特色的文化产业。这些传统特色，就为当地高职院校的发展提供了广泛的空间，也为高职院校的毕业生提供了广阔的就业创业天地。与我国传统文化有直接关系的传统特色产业有以下几大类值得我们关注。

1. 中医、中药和中医护理康复行业。这类特色产业在民族地区有很大的发展空间，如云南的白药、贵州的苗药、西藏的藏药、内蒙古的蒙药等。

2. 工艺美术行业，包括工艺品、染织、织绣、装潢、雕塑、国画、书法、篆刻等。这类特色产业与人民日益提升的美好生活需要相关，艺术化的同时生活化，贴近老百姓需求。

3. 服装与服饰、饰品等行业。这类特色产业可以运用民族文化特点或中西方文化差异，进行巧妙融合，满足消费者需要。

4. 烹饪和特色食品生产行业。这类特色产业可以从各大菜系中传承精华，并融入当代日益流行的健康追求，满足民以食为天的需求。

5. 戏剧、曲艺、音乐、舞蹈等演艺行业。这类特色产业可以融合传统与现代，创造出老百姓喜闻乐见的流行文化。

6. 传统建筑（古建）、园林等行业。这类特色产业在历史悠久的区域，可以很好地传承、发扬传统文化，融传统文化于古建园林等，丰富当地老百姓的业余生活。

7. 文物保护、修复、管理、经营等行业。这类特色产业在文物保存地区有非常重要的维护和传承意义，可以助力于地方特色旅游经济发展。

8. 旅游业中文化旅游的部分，如历史名城、文物古迹、宗教场所等旅游服务、管理与经营行业。这类特色产业在旅游景区所在地是重要的经济增长点，完善配套建设，培养相关人才，能较好地传承文化及造福当地百姓。

9.体育健身行业，如武术、太极、气功等。这类特色产业在全民关注养老服务的阶段非常有推广意义，既传承传统文化，又服务于老龄化社会。

我们可以看到，传统文化中的积极因素为我国高职院校的特色化发展提供了更多的机遇。高职教育应该抓住这一良好契机，因势利导，通过结合传统特色的专业发展，结出文化产业的丰硕成果，造福当地百姓。高职院校根据社会需求，培养大量能就业、好就业的人才资源，形成较高的社会就业率和较好的就业美誉度，就可以逐步改变人们对高职教育的偏见，大力促进高等职业技术教育的良性发展。

(三)降低门槛解决高职毕业生相对过剩的困境

我国企业在用人上存在一个普遍问题，就是大材小用，高中生能干的活由大学生干，本科生能干的活由硕士生甚至博士生干，就业门槛的过度追求学历导致很多大学毕业生毕业即失业，不得不去挤考研究生的独木桥。另一方面，很多企业又招不到合适的技术工人，特别是高级技工。很多企业用人的学历门槛，导致高级技工的培养存在较高的行业专用性风险，很可能培养出来也因为学历受限不能到相应岗位就业，这导致人们降低了对技术技能型人力资本投资的积极性。在我国很多省市教育资源和人力资源还很短缺的情况下，这种人力资源和人力资本使用上的浪费，应该引起地方政府和用人企事业单位的足够重视。因此，应该以政府为导向，要求用人单位适当降低门槛，解决高职院校毕业生劳动力相对过剩的困境，为高职院校的人力资本向人才资本转化提供成长空间和提升环境，最终降低人力及人才使用成本，促进当地经济稳步良性发展。

在经济新常态下，高职院校发展方式的转型，肩负着培养出更符合社会需求的人力资本及人才资本的重任，从而更好地服务于地方经济建设。国以才立，政以才治，业以才兴。

要实现区域性经济合理布局、产业性升级合理配置、传统性特色合理建构的全面、协调、可持续发展，必须确立高职院校在发展地方经济中的主体地位和重要作用，根据地方经济发展的需要确定人才培养目标，并通过一系列举措，提高高职院校毕业生的就业地位和实际就业率，提升高职教育的经济产业传统适配性，助力区域经济。只有这样，才能为高职院校专业建设及区域经济助力，拥有强劲的竞争力，抢占经济新常态下发展的制高点。

策略篇

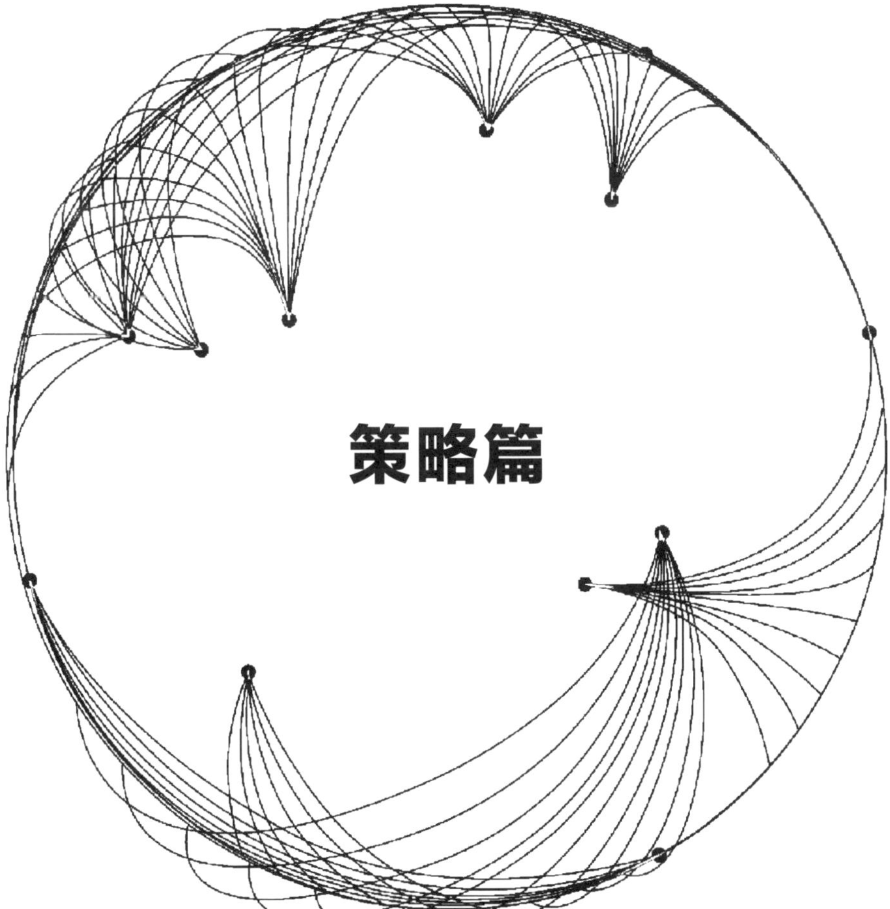

改革开放后我国职业教育政策主要经历了萌生探索、发展、内涵建设等三个重要发展阶段。① 改革开放到 20 世纪 90 年代是我国高等职业教育的萌生探索期，其主要特征是政策的制定在一定程度上滞后于当时高职教育的发展与实践。 20 世纪 90 年代到 21 世纪初期，进一步鼓励与倡导其发展，对其办学任务以及发展中的规律特色进行探讨，对保障机制等进行改革，以不断推进高等职业教育发展。 2005 年 10 月，国务院提出重点建设 100 所高职院校的计划，正式拉开了高职教育质量提高工程的序幕，标志着高等职业教育发展进入以提高质量、加强内涵建设为中心的新阶段，从起初的注重外部条件建设转向了系统的内涵建设与质量提升之上。

理论上，我国经济发展与产业升级与高等职业教育领域中的良性政策是密不可分的。 然而，现实中，仍然存在着政策文本与实践之间的非契合、政策本体存在操作性与科学性的短板以及政策取向与定位的现实偏差等问题。一方面，国家不断出台一系列政策来保障其发展，然而，与这些政策相对应的高职教育发展却并未出现等价的结果，主要问题在于高等职业教育政策实践中的落寞与消沉。 另一方面，所颁布的政策从其预期性来看，在政策导向、保障以及支持方面的功能并未得到有效发挥，出现了虚实之间的异化问题。 简而言之，职业教育政策在政策的价值取向与定位中不适合、不合理的因素仍然不同程度地存在。

从未来的调适路径来看，我国应从可行性视角逐步加快高职教育政策的发展，进一步丰富与完善高等职业教育政策的支持保障体系，来保障职业教育的良性、健康发展。 作为国家为实现一定历史时期教育任务与发展目标的重要体现形式，教育政策尤其是高等职业教育政策集中体现了国家在高等职业教育发展方面的思路与理念，对引领本国高职教育发展起到了不可忽视的作用。随着当前全球化趋势的进一步深化，社会对各种专业型人才的需求与日俱增，在这种高度分工协作的背景下，我国高等职业教育的发展关系着整个教育系统的发展与国民经济水平的未来走向。 因此，我们在厘清高等职业教育发展的基本脉络后，应该对现存的各种政策问题予以审视，找出当前滞缓其发展的各种政策性限制与问题，通过多元力量与多层构建来科学解决当前存在的各种问题，进而推动高等职业教育的健康、快速发展。

① 李小丽.改革开放以来我国高职教育政策的演进分析及其发展调适[J].教育与职业，2014(29)：5-7.

第十章

经济新常态下我国高职院校转型发展的政策框架

建立健全新常态下我国高职院校转型发展的框架体系，要发挥国家、各级政府、各类高职院校和广大社会主体的多重作用，国家和各级地方政府要完善法律制度框架和政策扶持体系；区域之间还要形成各有特色、协调发展的职教优势；各级职业院校尤其是高职院校要结合区域优势和自身优势，实现可持续的转型发展。

第一节　国家层面的宏观配套政策框架

职业教育属于国家提供的公共服务范畴，并且在职业教育法规、规划、教育财政上均占据主体地位。国家关于职业教育发展的宏观政策引导和配套支持是一国职业教育得以健康发展的重要基础生态条件。

一、构建国家法律政策一体的制度配套体系

早在 1996 年，我国颁布了职业教育法，对于促进职业教育发展起到了重要

的推动作用，具有重要的风向标意义。随着经济社会的发展，职业教育越发成为教育体系不可或缺、举足轻重的重要组成部分，但是职业教育法的原则性规定已经难以适应目前的职业教育发展态势，所以要以职业教育法修订为抓手，进一步规范我国职业教育的法律体系，推动教育法、高等教育法、职业教育法等教育立法改革。其关键在于弥补职业教育办学及管理的短板：一是加强教育法治化建设，制定和完善相关的法律法规与政策规章，为职业教育管理创造有法可依的法治环境与理性土壤，使职业教育管理成为国家治理体系和治理能力现代化改革的重要一环，推动职业教育管理步入法治化的正轨。职业教育管理体制的改革创新借鉴国外先进经验，更新管理理念，创新管理方式，构建多层次、有效率的管理体制。二是优化完善职业教育行政管理组织系统，明确管理主体和职权，划清管理对象和内容，加强国家宏观调控和统筹，充分发挥地方政府的关键作用，赋予学校充分的办学自主权，协调政府、社会、市场、行业、学校和企业等在职业教育管理体制中的关系。三是建立健全职业教育决策参谋系统和督导评估系统，充分提高和调动企业等各行业力量的积极性，围绕职业教育的人才需求预测、专业与课程建设、质量检测等具体事务和工作进行指导、监督和评估。[①] 四是重新修订《中华人民共和国职业教育法》时，应将产教结合和校企合作放在重要的位置，并在该上位法下制定《职业学校校企合作促进办法》等行业指导性部门规章或地方性政策，加快形成“政府主导、行业指导、企业参与”的办学体制。五是现代职业教育支撑体系包括国家制度体系、经费支持体系、师资培养培训体系、职业资格证书制度等标准体系，这套支撑体系需要统筹推进，形成可操作的指导意见。

二、构建校企合作、工学结合的培养培训体系

职业教育是理论与实践结合最为紧密的教育形式，是一种技术技能传承与职业能力素质塑造的事业，侧重于应用与实践，所以职业教育在办学形式上与高等教育具有天然区别。职业教育可看作一种合作教育，仅靠学校教育难以完

① 朱德全. 和谐与互动：职业教育均衡发展的体制机制研究[J]. 河南大学学报(社会科学版)，2012(5)：138-143.

成职业教育的全部课程，也难以达到职业教育的目的。所以，职业教育本质上就应该是一种学校和企业合作实施的教育，且职业教育人才培养模式的最大特征就表现为产教结合、校企合作。由于教育和产业、学校和企业是不同性质的利益主体，教育和学校遵循的是教育规律和人才培养规律，强调的是公众利益的最大化，追求的是人的全面发展；而产业和企业遵循的是经济和产业规律，强调的是经济利益最大化，追求的是产值、利润，所以如何把企业追求利润的行为引导到满足公众利益上来需要相关的制度安排，并且随着世界经济一体化、知识经济与学习型社会的到来，世界各国高度重视终身教育和继续教育，具有重大转折意义的是现代技术技能人力资源开发已从传统的学校和企业双轨运行发展为以现代学徒制为标志的产教高度融合的校企合作运行新机制。现代职业教育越来越多地采取双元制、实习和顶岗培训等多种实训模式；企业更加重视并加强了与职业学校的合作，提高受训者的理论知识水平，两者开始朝着“一体化”的方向改革。英国、澳大利亚等国在传统学徒制的基础上发展起现代学徒制，现已形成现场教学与学校教育相结合的教学模式。以德国为代表的“双元制”实质上也是产教合作、工学结合的培养模式。校企合作、工学结合已在职业教育界达成广泛的共识，并已成为职业教育普遍遵循的规律，成为职业教育人才培养的本质特色。这一共识的潜在逻辑在于现代企业培训制度是职业教育建立工学结合、校企合作制度的基石，建立现代职业教育体系必须建立现代企业培训制度是题中应有之义，即现代企业如果不建立现代企业培训制度，职业教育工学结合、校企合作的制度就难以有效实施。[①]

三、构建国家主导、企业支持的经费支撑体系

国内外的实践证明，完全依靠政府投入发展职业教育具有一定的局限性，可持续性不强。其中一个关键的症结在于职业教育的经费难以得到充足的保障，所以需要逐步建立起适应现代职业教育体系发展需要的多元投入机制。结合国内外经验及我国的现实国情，职业教育市场化具有广阔前景，引入市场化

① 曹晔.我国现代职业教育体系框架构建[J].教育发展研究，2013(11)：41-45.

筹资机制的时机也较为成熟。一是我国现代化经济体系与法治化市场体系的构建，为在职业教育中引入市场化的办学机制营造了良好的政策环境；二是随着人们对文化生活的需求日益增长，教育包括职业教育成为重要的社会服务业，如学而思、新东方等，已经成为资本市场的宠儿，尤其是我国多层次资本市场的建立，为职业教育引入社会资本提供了良好的融资渠道；三是在“中国制造2025”、工匠精神、品质革命的政策指引下，以制造业为主的用工企业对高技能人才的需求也愈发强烈，企业主办、参办或者参与职业教育的意愿也愈发强烈，这也为职业教育发展引入企业资金赢得了先机。不难看出，职业教育发展建构起多元化的经费来源渠道和筹资机制，既具有必要性，也具有可行性，且具有良好的市场前景。一旦顶层制度完善后，推动职业技术院校混合所有制改革，引入社会资本和外部资金充实职业教育办学经费，将成为未来职业教育发展的一个趋势。

四、构建技术技能人才成长的贯通体系

我国教育结构体系改革已进行到了第三轮，第一轮是以高中阶段职业教育普及化为内容的教育结构调整；第二轮是以高等教育本专科层次划分为内容的教育结构调整；第三轮则是在高等教育大众化背景下，对以高等教育本科及以上层次教育结构优化为内容的新一波教育结构体系改革。前两轮教育结构体系改革我们已经完成，但由于我国高等职业教育体系以独立设置的职业技术学院为主体，以部分专科学校和普通高等院校举办的职业技术学院为补充，显而易见，高等教育中职业教育的结构性缺陷突出，本科及以上层次的职业教育缺位严重，迫切需要发展应用技术大学、技术本科或高职本科，在高等教育领域增加平民化和实用化的教育类型，形成结构多样化、主体多元化、人才类型复合多元的高等教育，以便更好地适应社会需求。一方面，现代科学技术的交叉性越来越强，人才类型更加复合多元，形成了人才结构层次多元化和人才类型多样化的人才体系和人才链条，即便是技术人才也可以划分为技能型、技术技能型、技能技术型、技术型、工程技术型、技术工程型、工程型、科学工程型、工程科学型、科学型等人才类型。通过多层次的高等职业教育结构改革，经过高等职业

教育的继续深造，人才类型是可以转换的，技能型人才通过学习可以转化成技术技能型人才、技能技术型人才或技术型人才等。另一方面，社会职业向高科技化、智能化、专业化、综合化发展，操作技能要求越来越弱，心智技能要求越来越强，对技术技能人才提出新的学习深造的要求，因此，现代职业教育体系必须满足技术技能人才成长的需要。但长期以来，职业教育基本被限制在专科层次，职校毕业生由于难以继续升学深造而难以获得较高的社会地位，致使人们普遍把职业教育与提供简单劳动力或生产第一线劳动者相联系。从高等职业教育结构体系调整和高等职业教育制度设计的层面上来看，职业教育社会地位低，看似是一个观念问题，其实是国家制度设计的缺陷，所以建立技术技能人才成长的类型体系和贯通体系是建立职业教育与普通教育同等社会地位的重要制度安排。①

五、构建同层次全方位的职业教育体系

科学技术进步对职业技术提出了新要求，一般性的职业将会大量被人工智能所替代，专业性的职业却需要更高的职业技能。科学技术进步同样带来了社会化分工的细化与深化，职业教育作为社会分工的产物，不仅在办学层次上要实现纵向的上下延伸，也要在同一层次上提供更多类型和种类的教育服务，且职业教育面向人人，将不会局限于企业的技能人才培训，还将要满足更加人性化或多样化的职业场景。以德国中等职业教育层次全方位的职业教育体系设计为例，德国的中等职业教育由“双元制”的职业教育和全日制的职业学校所构成，而全日制职业学校又分为职业文理中学、专业高中和职业专科学校。其中，职业文理中学同时实施职业教育和普通教育，学生毕业后也可上普通高校；专业高中的培养目标是为应用技术大学输送合格生源；职业专科学校主要是为那些只能通过学校教育才能实现职业培训的职业工种提供培训，如社会教育、儿童教育等，同时也为那些没有获得“双元制”培训岗位的学生提供国家承认的某一职业工种的培训。可见，德国的“双元制”和职业专科学校主要是为实体产业

① 曹晔，盛子强.加快发展现代职业教育需要“四破”“四立”[J].职业技术教育，2014(28)：5-10.

输送技能技术工人，而职业文理中学和专业高中主要为普通高校或应用本科输送合格生源。所以，在健全高等职业教育中职、高职、本科甚至更高层次的纵向职业教育体系的同时，完善具体某一高等职业教育层次横向全方位多元化的职业教育体系是必不可少的重要制度安排和不可忽视的重要改革内容。[①]

六、构建职业教育与其他教育内外衔接体系

职业教育是教育体系的重要组成部分，是教育体系的一个重要子系统，与教育体系的各个组成部分具有天然的联系。不过职业教育与其他教育的联系并非恒久不变，也会随着宏观环境和社会生态的变化而变化。当教育发展水平较低时，职业教育与基础教育联系紧密，基础教育中渗透职业教育；当教育水平提高后，尤其是高等教育普及化以后，职业教育与高等教育的联系变得紧密，如高等职业教育成为高等教育的实现形式之一，本科高校会设立职业技术学院或应用技术学院。教育体系越发达，职业教育与普通教育的联系越普遍。多数国家都建立了普通教育和职业教育之间转学或升学互通机制，集中表现在两个方面：一方面，建立严格的入学资格标准，接受职业教育的学生通过必要的考试或取得某种资格升入高一级的普通教育继续深造；同样，接受普通教育的学生通过必要的技能培训或取得会考资格进入职业教育进行学习。另一方面，构建促进两类人才共同学习的平台，即建立国际教育标准分类中的第四等级（中等后非高等教育）的补充教育，使普通高中毕业生通过第四等级的职业教育补习后，具备与中等职业学校毕业生共同接受高等职业教育的基础；中等职业学校毕业生通过第四等级的普通教育补习，具备与普通高中毕业生共同接受普通高等教育的基础。[②]

在现代职业教育体系中，首先，上级教育应对下级教育开放。如韩国职业高中将2～3年的职业教育课程与专科大学（2年＋2年）、开放大学（2年＋4年）等大学的教育衔接起来；又如我国的五年制高职（3年＋2年），与普通本科院校联合培养技术应用型、高端技能型人才。其次，学历教育应与非学历教育

① 徐涵.关于建设我国现代职业教育体系的几点建议[J].职教论坛，2013(1)：44-46.

② 曹晔.我国现代职业教育体系框架构建[J].教育发展研究，2013(11)：41-45.

沟通与衔接。我国企业培训普遍缺失，但是高校与地方、企业共进、共建、互动发展是国际高等教育发展的主流趋势，非学历教育成为越来越普遍的职业教育形式。职业教育中在职培训、转岗培训、提高培训等形式越来越多，以满足人的职业生涯发展要求。所以借鉴美国社区学院、澳大利亚 TAFE 学院等区域性职业教育的经验是今后我国职业教育发展的必然趋势。再次，职业教育应与终身教育沟通。[①] 一般人们在完成义务教育后，不会再去接受基础教育。而职业教育则不同，一般人们要多次接受职业教育和培训，形成"学习—工作—再学习—再工作"多循环的终身教育模式。在职人员通过职业继续教育，参加资格考试，不断提高资格证书等级，继续提升技术技能；也可以通过参加考试取得入学资格，接受高一级的职业教育或普通教育。职业教育在人的终身教育中持续时间最长、时间跨度最大，应是终身教育的主体。[②]

七、构建"双师型"的师资队伍体系

如前所述，现代职业教育体系的建立，蕴含着职业教育类型多种、形式多样、内容丰富的主要特征，是面向人人、面向全社会的教育，而支撑现代职业教育体系的核心要素和第一资源是师资队伍。从教育规律和教师作用来看，教育类型能否多种、形式能否多样、内容能否丰富、效果能否显现，不取决于学校的种类、教育的类型，而取决于教师的理念、知识和技能结构与水平。所以，没有教师现代化，就不会有教育现代化。近年来，地方高职、高专、专升本院校向应用型本科转型，但进展缓慢，既有外因，也有内因，而内因占主导，主要是师资力量和师资水平难以满足应用型本科人才培养的要求，教师的传统教学方法不能达到应用型本科培养人才的要求。建立现代职业教育体系，职业教育教师的培养培训体系的建设十分重要，只有充实职业教育体系建设需要的各种师资，才能推动现代职业教育体系的形成。职业教育无论是纵向上体系延伸，还是横向上功能拓展，缺乏"双师型"师资，人才培养就难以得到社会的认可。因此，建立现代职业教育体系要加强"双师型"师资队伍的建设。

---

① 曹晔，刘宏杰．现代职业教育体系内涵及需处理好的重要关系[J]．职业技术教育，2014(1)：5-9.

② 曹晔．我国现代职业教育体系框架构建[J]．教育发展研究，2013(11)：41-45.

八、健全现代职业资格分类分层认证体系

健全的职业资格证书等标准体系是现代职业教育体系的重要支撑。职业教育内部及其与其他教育的沟通、衔接和协调发展，是建立在完善的职业资格标准、入学标准等标准体系之上的。标准是各种类型教育的接口，有了标准，教育的沟通、衔接和协调才能顺利。发达国家按照市场需求和企业岗位要求，建立了各行各业的职业资格证书框架体系，不同的职业资格证书规定了不同的人才类型和标准，这些标准既规定了人才培养规格，也为各种教育类型和各种人才类型的沟通和衔接提供了条件。

职业教育与专业任职资格密切结合。目前我国职业资格只有中级工、高级工、技师和高级技师四个级别，比较单一，而实际上社会对人的技能要求是多层次的，需要多样化的职业资格证书体系。如荷兰的中等职业教育的职业资格分为5级，即1级（0.5～1年，助理级）、2级（2～3年，基础职业级）、3级（2～4年，专业级）、4级（3～4年，中层管理级和专家级）、5级（1～2年，特殊级），而且取得下一级职业资格证书后，可以升入上一级学习。不同级别的职业资格证书，与社会多层次的职业岗位需求相对应，1级证书获得者需在别人指导下完成简单的操作任务；2级证书获得者可以执行操作，并实行岗位责任制；3级证书获得者对自身的任务负有责任，并可以监督指导其他人员的工作；4级证书获得者实行岗位责任制并拥有管理和组织任务的能力；5级证书获得者实行岗位责任制，拥有管理和组织能力，并且可以制订工作流程。我国的职业资格证书体系还需要进一步改革，在中、高级阶段还可以进一步细分，可参照过去的九级工人技术等级标准，中级工分为三个等级，这样既能深化、细化技术级别，满足不同人的需要和社会的不同需求，也能促进学生在拿到学历证书的过程中，通过努力学习拿到高一级的职业资格证书，促进学生加强技能的学习。中等职业教育的学制也不一定都是三年制，应根据职业的技术复杂程度来确定修业年限。如瑞士中等职业教育分为二年制、三年制和四年制的职业技术培训。学制的长短取决于职业的类别。无论是二年、三年还是四年的培训，毕业时都可以获得全国认可的毕业证书。①

① 孟庆国.我国职业教育师资队伍建设的问题与对策[J].职业技术教育,2012(19):55-58.

第二节　区域层面的中观配套政策供给

职业教育既要与国家的整体经济相适应，更重要的是要与区域经济发展紧密互动，作为区域经济增长的重要人力资本输出基地。同时，区域层面在职业教育政策上既要保持与国家的一贯性，也要体现出区域特色，根据区域资源禀赋调整配置职业教育资源，形成区域性的职业教育政策供给体系。

一、办学体制机制的构建

办学体制主要回答“谁投资、谁办学、谁管理”的一系列问题。所以，办学主体准入、主体间关系、经费投入等问题是办学体制改革的核心问题。在职业教育与区域经济协调发展的产教融合框架下，应构建“利益责任共担的集团化办学机制”和“多元统筹的经费投入机制”两方面机制。一方面，政、校、企合作构建利益责任共担的集团化办学机制。集团化办学以规模经济和范围经济作为战略思路，旨在提升区域的内聚性和聚合度，推崇区域内政府机构、企业行业、职业教育机构在利益互惠、责任共担的基础上，建立一种资源共享、优势互补和契约化、混合制发展的大职业教育办学模式。从投资主体来看，该机制改变了政府单一投资的局限，通过引入合作投资者，使职业院校产权（股权）多元化，形成国有资产、社会资产、民营资产严格确权和财产分离的办学格局；从办学模式来看，该机制可根据具体情况形成不同的办学模式，如行业、企业与职业院校联合的办学模式和混合所有制的办学模式。以后者为例，职业院校与企业按照合约和股权结构投入办学经费，组建以企业为主体的“厂中校”或以职业院校为主体的“校中厂”等；从办学效益来看，该机制能在办学集团内部构建生源链、产业链、信息链、实训链、就业链等有效载体，有序实现区域经济资源与职业教育资源的有机结合，使校企合作从“一对一”走向集群式，实现效益最大化。

另一方面，构建多元统筹的经费投入机制。近年来，职业教育快速发展，但政府部门在职业教育办学经费投入方面存在总体规模不足、主体过于单一、城乡不均衡等问题。因此，构建多元统筹的经费投入机制，是确保职业教育经费总额保持持续增长、拓展职业教育经费来源渠道、促进城乡职业教育均衡发展的重要保障。构建多元统筹的经费投入机制要多管齐下，一是积极吸引社会资本参与办学，向社会捐集资，吸引行业、企业、实业家投资，拓宽经费来源渠道；二是职业院校依托自身优势和借助各种优惠政策，大力发展校办产业，走“产学研”结合道路，增强内部资金筹措能力；三是政府建立合理的经费拨款模式，根据城乡不同发展水平制定城乡各个层次、类别职业学校的最低生均拨款标准，严格按照在校学生数量，同时考虑地区经济系数、重点扶持系数、人才培养成本系数等参数，采用多参数公式拨款方式进行经费分配。①

二、人才培养体制机制的构建

从人才培养的目标制订、过程培养和评价反馈三个基本环节出发，相应构建“人才需求预测机制”“课程设置和教学模式的市场导向机制”以及“人才培养质量与评价的联合评估机制”的人才培养机制。

首先，构建人才需求预测机制，对人才的层次结构和专业结构做供求关系的有效判断。一方面，由工商界、职教界、学术界、行业协会的代表共同组成专门性的职业教育人才预测咨询团，专门负责从事职教人才需求及其变动趋势的阶段性、滚动式分析预测；另一方面，借助政府政务信息和公共服务系统，构建人才需求信息网络系统，搭建区域职教人才需求、供给信息征集和反馈平台；再一方面，建立科学的人才需求预测预报指标体系和分析模型，以保证预测结果的科学性、准确性、及时性和有效性。

其次，构建课程设置和教学模式的市场导向机制，促进职业教育与区域经济协调发展。一方面，建立市场主导型专业设置模式。职业院校根据当地政府公布的人才需求预测报告、地方政府发展规划、区域经济发展需求和自身办学

① 林克松，朱德全. 职业教育均衡发展与区域经济协调发展互动的体制机制构建[J]. 教育研究，2012(11)：102-107.

条件来设置专业，并根据市场变化及时调整专业，将区域经济结构、产业结构和技术结构以及社会人才需求的变化趋势作为专业结构优化的主要依据。另一方面，地方政府、职业院校、企业行业建立“三方联动”的课程开发机制。三方紧扣区域产业优势，共同开发符合市场需求的品牌特色课程。再一方面，建立地方政府、职业院校、企业行业以及社会机构共同参与人才培养过程的机制，以实训化为特征，探索多方联动的一体化人才培养模式。

最后，构建人才培养质量与评价的联合评估机制，扩大区域职业教育人才培养质量的评价主体，利用市场机制发挥企业、行业等利益相关者在检测职业教育人才培养质量中的“标尺”作用，真正提高职业教育质量。一方面，当地政府牵头，组建由政府、职业院校、企业、行业与学生代表共同构成的联合评估委员会，共同制订一套科学可行的评估方案和行动准则，形成有效的职业教育人才培养社会评价反馈机制和人才培养质量调控机制，提高人才培养的社会适应性。同时，根据人才培养社会评价信息反馈，职业院校及时完善人才培养方案、相关管理制度和运行机制。①

三、管理体制机制的构建

在职业教育与区域经济协调发展的产教融合框架下，通过建立“区域大职教统筹管理机制”“伙伴协作管理机制”和“多边协调运行机制”，创新构建职业教育的管理体制。

首先，构建区域大职教统筹管理机制。打破职教管理体制上存在的条块分割格局，解决职业教育规模过小、办学分散等问题。树立区域大职教观，建立区域性职业教育体系，实施区域大职教统筹管理机制。第一，将教育行政部门负责的职业教育、劳动就业部门负责的技工教育和岗位资格认定与培训、人事部门负责的人才使用管理，统一由地方政府进行统筹管理，结合市场运作，实现区域职业教育的整体发展。第二，将区域内分别归属于高等教育管理部门的高等职业教育、职成教育管理部门的中等职业教育以及社会保障部门的技能教育等

① 张兄武.基于利益相关者理论的应用型创新人才培养模式研究[J].教育理论与实践，2011(9):9-11.

都归并到一个行政主管部门进行统筹管理，通过设立职教处（所、科），统筹负责本地区职业教育的发展，发挥职业教育调控管理的聚集效应。第三，将主要由省（市）级政府负责的城市职业教育和主要由县镇级政府负责的农村职业教育进行"一盘棋"统筹管理，在财政投入、资源配置、招生就业等方面尽量做到"一碗水端平"。通过统筹城乡职业教育管理，实现城乡职业教育均衡发展。

其次，构建伙伴协作管理机制。职业教育与区域经济协调发展需要多部门、多行业和多群体的广泛协作，通过构建有效的伙伴协作管理机制，有利于解决当前职业教育业务主管部门与其他行政部门之间沟通不畅、社会参与职业教育管理力度不够等问题，推动职业教育要素与区域经济要素的有效流通和融合。有效的伙伴协作管理机制可遵循以下步骤来构建：第一步，确定影响职业教育与区域经济协调发展的相关部门和群体，如教育部门、劳动部门、人事部门、财务部门、工商管理部门、企业组织、行业协会等，建立彼此之间的伙伴协作关系；第二步，按照自愿、互利的原则，选出相关利益者的代表作为伙伴代表；第三步，召开伙伴代表大会；第四步，由伙伴代表大会选举产生伙伴协作管理委员会，建立秘书处，负责日常工作，并下设各专门小组，如中等职业教育组、高等职业教育组、技能培训组、农民工培训组等；第五步，定期召开伙伴会议，根据需要确定各专门小组的活动。

最后，构建多边协调运行机制。从制度协调、行政协调、行业协会协调、学术机构协调四个层面，构建由政府部门、企业、行业、职业院校等主体构成的多边协调运行机制。制度协调层面，以统一的法律制度的形式保障多边协调运行，消解职业教育各自为政、主体多头、职责不清的难题，推动区域内经济、社会、人才等要素的充分、合理流动。行政协调方面，由政府部门通过签订行政协议的方法促进磋商沟通，促进区域内政府其他行政管理部门与职业教育管理部门以及职业教育系统内部门之间的协商沟通。行业协会协调方面，依托行业协会，发挥市场机制，实现市场与职业教育的"无缝衔接"。学术机构协调层面，由区域内职业教育研究领域或相关研究领域的学术机构及其专家学者共同搭建协商平台，通过成立智库联盟等非官方组织的形式提供诸如信息搜集、问题诊断、理论论证、对策咨询等专业服务。[①]

---

① 王琴.我国职业教育均衡发展的问题与对策[J].职教论坛，2010(4)：53.

四、特色优势及其机制的构建

在职业教育与区域经济协调发展的产教融合框架下，职业教育特色优势与区域特色优势的互联互动互补十分关键。第一，深入调研，形成与地方实际相吻合的办学特色。实践证明，越是与地方实际高度吻合的办学，越能形成特色，越能服务地方发展，并越能产生良好的经济效益和社会效益。第二，统筹规划，合理利用办学资源。统筹规划好教育资源布局、发展及利用，既要更好地促进高职院校的发展，也要更好地服务地方经济社会转型发展。第三，增强特色和实力，提高服务能力。高职院校紧密结合地方经济社会发展实际，重视特色办学，提升办学实力，在人才培养、科研服务、社会服务等各方面发挥服务地方发展的功能和价值。第四，整合资源，增强服务地方经济社会发展的效果。高职院校既要整合利用好自身的办学资源，又要整合利用好本地区其他资源优势，实行资源共享，做到资源使用效益最大化、服务功能最大化，促进高职院校办学质量的提升。第五，加强特色研究，凝练特色优势。既要发挥职业院校职业经理层或管理层的科学决策作用，又要调动教师的积极性，探讨在办学机制、项目、教学、管理、服务等各层面、各领域的特色凝练，或是以上方面的综合特色形成。第六，选准特色载体，落实办学特色。明确办学特色的载体，可依托专业，也可依托课程，亦可依托某个办学项目，在特色办学的实践中完善特色办学的总体方案和执行方案，既要有落实的思路和步骤，又要有考核的机制和措施。①

第三节　学校层面的微观配套措施

职业教育的落脚点还是在办学主体上。职业教育院校作为职业教育发展的微观办学主体，如何顺应区域经济发展，从而将职业教育融入地方建设，这是

① 廖远兵.城市高职院校服务经济转型办学特色调查分析[J].山西广播电视大学学报，2015(4)：29-32.

职业教育院校转型发展至关重要的方面。所以,职业教育院校转型发展的核心还是要调整完善内部政策机制,从而适应和满足职业教育与区域经济协调发展的要求。

一、重塑高职院校校地互动的办学理念

第一,高职院校确立服务地方经济发展的办学理念。高校与地方互动是国际高等教育发展的主流趋势,也是我国高等教育改革的主要方向,更是高等职业教育的必然取向,因此高职院校管理层应深化对校地互动型办学模式的改革认知,探索服务地方经济发展的办学兴校育人新思路。企业是高职教育产品的最终使用者、高职教育价值的直接实现者、高职教育服务的最终购买者。高职院校应当本着满足客户需求、提升客户满意度的原则,摒弃非市场化的传统办学理念,重新确立以服务地方企业为目标的市场化办学新理念。高职教育具有实践工作多元性与开放性相结合的特征,在人才培养上既注重学生的个性特点,通过多种渠道促进其自主发展,又积极寻求社会支持,建立实践教学与科研、工程、社会应用实践之间的良性互动,增强实践教学的实效性。通过产学结合、工学结合,提高高职教育成果的实用性、针对性和适应性,满足新技术条件下企业的用人需求。

第二,高职院校确立优化教育资源配置的办学理念。高职院校综合利用外部教育资源,通过资源的合理配置实现办学条件的改善和办学水平的提高。地方政府投入有限的教育专项财政资金,通过 PPP 模式(政府和社会资本合作,是公共基础设施中的一种项目运作模式)等,吸引社会资金投向高职教育事业。高职院校通过制度设计,积极为引入社会资源提供渠道、利益保障和制度支撑,吸引企业将资源投向高职院校,实现资源共享、利益共享。现代企业的文化资源、生产力资源及人力资源,为高职院校培养现代化实用型、技能型人才提供了全真实训环境。高职院校引入、吸收、开发企业的教育资源,使学生在真实的情境中潜移默化地接受职业教育。企业提供的良好教育资源不仅能有效提升高职学生对理论知识的理解能力,且能强化学生的动手实践能力,还能帮助学生养成良好的职业素养和职业操守,更能提高毕业生的岗位适应能力和人岗匹配度。

第三,高职院校确立培养职业技术创新型人才的办学理念。我国经济进入新常态,正向高质量发展转型,高职教育担负着培养具有创新精神的高素质实用技能型人才的重任。高职院校通过完善自身建设,促使高职学生具备创意意识和创新能力,奠定坚实的理论知识基础,养成扎实的实践技能素养。职业技术创新型人才培养是一个系统工程,高职院校应减少对学生学习过程的过度干预,优化重组内外部教育资源,建立学生自主学习的环境,有效激活学生的创意思维和创新能力。同时,高职院校通过深入调研,加大创新型教育体制改革,完善创新型师资团队建设,突出学生主体性地位,为具有创新潜质的学生拓展切合其个性发展的教育空间。

二、健全高职院校校地互动的机制保障

第一,健全支持高职院校校地互动的外部保障机制。地方政府及企事业单位是支持高职院校校地互动建设的主体,地方政府的引导、支持尤为重要。地方政府通过修订地方法规和行政管理制度为高职院校校地互动战略提供稳健的制度保障。一方面,地方政府可以制定切合地方实情的校企合作促进法规,积极引导地方企事业单位与高职院校建立校企协同合作机构,并深度开放面向校企合作项目提供社会化服务的中介组织,以有效激活高职院校与地方企事业单位展开深度合作的制度活力。另一方面,地方政府可将高职院校纳入财政支持的公共投资项目体系中,大力促进高职院校的人才培养功能的有效发挥。如地方政府可以拨付财政资金建立支持高职院校实施校地互动战略的产业基金,引导地方企事业单位积极与高职院校展开合作。又如地方政府给予参与校企合作的企事业单位适当的财政补贴,从而激励企事业单位参与校企合作项目的积极性和能动性。

第二,健全支持高职院校校地互动战略的内部保障机制。首先,高职院校制定有利于校地互动的校内管理规章制度,建立健全服务地方经济社会发展的新型组织结构,配置专业人才,授予管理实权。其次,高职院校落实校地互动战略的预算安排,投入发展资金,强化高职院校实验室和实训基地建设,并设立校地互动战略基金,形成校地互动的良性循环。最后,高职院校通过人事用工分

配制度改革，建立教师薪酬激励机制，激发高职教师的智力资源，促进高职教师积极参与校地互动战略发展事业。如可将高职教师参与校地互动活动付出的时间与精力进行量化，纳入高职教师常规工作量考核体系中，并最终体现在教师的薪酬计算和职称评比过程中。高职院校还应落实按效益分配的激励政策，建立针对地方合作单位委派的兼职教学及教辅人员的劳动成果的价值评估机制和薪酬支付机制，以有效激励兼职教学及教辅人才积极投身高职教育事业。

三、创新高职院校校地互动的实施模式

第一，高职院校积极拓展校地互动的主体。高职院校不仅要重视与地方企事业单位之间的合作关系，还要重视借助地方政府、行业协会及科研院所的力量与企业之间展开校企合作。积极探索地方政府、行业协会、科研院所与高职院校之间的利益结合点，并基于组织间的共同利益基础来主动开拓组织间的合作关系。高职院校可充分借力地方政府创设的宏观政策环境来积极拓展与行业协会间的关系，并利用行业协会的信息交互平台来优化组织企业资源，以有力支持高职教育事业。通过充分激发校地互动所产生的组织间关系的活力，高职院校可建立良好的校地互动组织间关系网络。

第二，高职院校向纵深方向拓展校地互动的工作内容。高职院校建立项目导向型的校地互动战略实施方案，根据合作项目的要求来重构高职教育的教学内容和教学方法。项目导向型校地互动战略实施方案以校地合作项目为载体，以重视高职学生能力培养为核心，以强化对实践工作过程的学习认知为教学主体内容，是新型高职教育课程改革的有益探索。高职院校拓展企事业单位参与高职教育的具体工作内容和合作空间。如地方企事业单位根据掌握的人才市场需求一手资料来帮助高职院校修订人才培养规划，以有效提升高职毕业生的就业率和从业能力；又如地方企事业单位可以对高职院校提出定向人才培养要求，缓解高职院校办学经费紧张的压力，促使高职院校从容地确定切合的办学理念，以满足企事业单位对高职类人才在全职业生涯周期内可持续发展能力的高要求。

第三，高职院校积极创新校地互动实施模式。首先，高职院校根据区域特色优势创新学科设置与专业发展模式。高职院校集中本校优势教学资源打造特色专业与特色学科，并通过与地区龙头企业或典型企业展开校地合作的方式来优化高职理论教育与实践教学结构布局。深化校企合作，推动科技创新，搭建生产与技术的合作平台。高职院校鼓励教师结合区域发展实际申报科研项目，实现高职院校的科研方向与地区经济发展战略的有效对接。其次，高职院校确立秉持服务社区的办学模式，充分利用其教学资源优势和智力资源优势实施开放式办学策略。高职院校通过学历教育与职业教育并举，积极推动高职教育进厂进店，为区域经济转型升级贡献人才资源。[①]

① 张伟.高职院校校地互动转型发展中的冲突及消解策略[J].教育与职业，2014(14)：18-20.

第十一章

研究结论及展望

第一节　研究结论

本研究基于中国经济新常态和教育新发展的背景，从顺应职业教育、高职教育的发展趋势着手，并借鉴公共治理管理、教育经济协调发展以及职业教育理论等，遵循“问题发现、问题剖析、问题还原以及解决问题”的思路，从理论、现实、转型和对策四个维度对高职院校转型发展进行了系统研究，并得出了相应的研究结论。

一、高职院校转型发展的内涵与机理构建

高职院校转型发展是指高职院校内部管理运行机制在一定时期内发生根本性变化，摒弃传统管理模式，采用以市场为导向的现代管理体制。高职院校转型发展是在经济由旧常态向新常态转换以及高等教育从精英教育向大众教育转型的背景下进行的，其实质是在高等教育管理改革的过程中积极探索一种新的管理模式，面向社会办学，采用市场机制配置教育资源。高职院校转型的

核心内涵在于:发展路径由“趋同发展”向“特色、内涵”转型;办学模式由“封闭式”向“开放式”转型;教学体系由“理论教学主导”向“实践教学主导”转型;课程体系由“分段割裂”向“系统衔接”转型;教师队伍由“理论型”向“双师型”转型。

二、经济新常态催生职业教育发展新要求

发展方式转变,迫切需要职业教育培养中高端人才;经济增速调整,需要着力提升技术技能人才培养质量,培养生产、服务一线技术技能人才,将大量创新成果转化为现实生产力;保障改善民生,职业教育要重点提升青年就业创业能力,缓解就业结构性矛盾和有序推进城镇化发展;人力资本战略,需要合理的教育结构,着眼于提升人力资本素质,打造教育强国和人力资源强国,职业教育是必不可少的一环;市场资源配置,引导社会力量参与办学,是加快发展现代职业教育的改革取向;推进依法治国,职业教育主动适应改革要求,进一步完善法律法规,推动依法治教、依法治校。

三、职业教育的现实困扰与发达国家的启示

目前,我国职业教育仍存在着几大问题:职业教育发展不均衡,体制机制建设亟待完善;教育结构不合理,探索多维度转型途径迫在眉睫;利益相关者作用不均衡,平衡多方利益势在必行。美、日、英、澳等发达国家的职业教育发展经验给予我国职业教育以重要启示:办学体制灵活,治理机制规范;保障机制健全,兼顾多方需求;法律体系完善,产学研协同发展;课程设置合理,突出能力本位;建设“双师型”教师队伍,保证教师培训方式多元化。

四、经济新常态下职业教育发展框架设计

建构了职业教育转型发展研究的教育学理论视角、经济学理论视角、社会学理论视角、文化学理论视角、系统科学理论视角的理论分析框架,结合政府调控、市场主导和社会培育三种职业教育发展模式,并对涉及职业教育发展的关

键问题进行了审思，进而建立起指导思想、发展定位、战略布局、战术措施与保障政策相统一的职业教育发展框架体系。

五、经济新常态下职业教育转型发展路向

建构了职业教育办学理念、办学体制、治理机制与发展方式相统一的战略发展路径体系。办学理念上要实现办学思路、办学思想、发展理念、教学风气与学习风气的转型；办学体制上要实现向合作办学、混合发展方式的重大转变；治理机制上要实现质量本位、现代治理、公共治理与治理结果的转型；发展方式上要体现区域差异、产业差异与传统差异。

六、经济新常态下职业教育转型核心关键

要以办学理念转型为首要，打破惯性思维，突出发挥办学主体、师资队伍与学生团体的地位和作用；要以办学体制改革为突破口，引入社会力量办学，实现混合所有制改革，实现产学研联盟一体化和价值最大化；要以治理机制转型为内生动力，兼顾内部治理与外部治理，引入社会评价机制，推动治理机制现代化；要以发展方式转型为良好契机，体现特色化发展优势，实现教育资源的合理化高效配置。

七、经济新常态下职业教育转型政策框架

要健全完善宏观、中观与微观层次分明、有机联系、差异同构、同步推进的政策框架体系。在国家层面健全完善法律法规体系、职业教育体系、校企合作机制、技术学科体系、理论实操合一、教育体系贯通的政策保障体系；在区域层面健全完善办学体制机制、人才培养体制机制、管理体制机制和特色优势的政策扶持体系；在微观层面健全完善校地互动、校企互动、校校互动的培育扶持体系。

第二节　研究展望

高职院校转型发展研究这一课题比较大，涵盖的内容比较多，本课题仅仅从经济新常态下高职院校转型发展的框架结构和粗略骨架上进行了分析探究，由于研究的广度有一点儿大，所以研究的深度就有一点儿不够，本课题的目的旨在用一个较为合适的分析结构对高职教育和高职院校的转型发展提供一个整体视角，从而为广大的高职教育工作者或政策制定者提供一定的理论参考。本课题还是紧紧抓住了高职院校转型发展的关键所在，重要的问题都予以了大篇幅的分析，所以本课题仍具有较好的价值。

在研究中，我们也深感一些问题还有待广大的研究者继续予以深究，一是到底我们的高职教育法律法规体系如何从法律条文中进一步地完善，这是高职教育法律研究者需要关注的问题；二是国家对高职教育的财政支持究竟应以一个什么力度予以倾斜，这也成为高职教育经济学者的一个课题；三是关于高职教育办学体制中，如何实现各方利益平衡从而求得最优解，这也是博弈论学者的关注所在；四是关于我国高职教育资源如何配置以及高职教育资源的区域化布局问题，这也是区域经济与区域教育交叉研究的重大课题；五是关于高职教育院校教师管理（包括职称、薪酬、绩效以及人才成长）等问题，还有学生的创业就业等一系列内部管理问题，笔墨用得不够，还期望能够有更专业的人士来予以回答；六是关于高职教育未来发展趋势与社会发展趋势的预测与前瞻分析，我们还不能够完全地掌握或者说我们还难以全面地展现，这也是预测者和观察家热衷的课题。

正如先哲们指出的那样，我们认识到的问题是有边界的，或者一个圆，或者一个方，但是圆、方以外的知识和世界仍是浩渺而难以穷尽的。路漫漫其修远兮，吾辈仍要奋进。同时，由于民生乃社会之本，而教育又是社会和谐之魂，高职教育作为更为大众的教育形态，更是社会的重要平衡阀，所以希望更多领域的更多学者和有志之士投入高职教育的研究中来，为实现伟大的中国梦、大众的教育梦、社会的求知梦奋力前行。

参考文献

[1]刘建同.美国职业教育办学体制浅析[J].中国职业技术教育,1999(1):52-64.

[2]俞可平.治理与善治[M].北京:社会科学文献出版社,2000.

[3]陈振明.评西方的“新公共管理”范式[J].中国社会科学,2000(6):73-82.

[4]石伟平.STW:世纪之交美国职业教育改革与发展策略的抉择[J].全球教育展望,2001(6):71-76.

[5]刘春生,高玉鹏.美国职业教育改革的新动向及启示[J].外国教育研究,2004(9):58-60.

[6]姜大源.德国职业教育改革重大举措——德国新《职业教育法》解读[J].中国职业技术教育,2005(14):59-61.

[7]陈芳.英国BTEC职业教育模式探析[J].职业技术教育,2005(35):115-118.

[8]吕红.澳大利亚职业教育的TAFE体制及其对我国高职教育的启示[J].职业教育研究,2006(10):176.

[9]胡艳曦,曹立生,刘永红.我国高等职业教育校企合作的瓶颈及对策研究[J].高教探索,2009(1):103.

[10]李双雁,张桂春.从“帕金斯法案四”看美国职业教育的改革[J].中国职业技术教育,2009(4):65-66.

[11]陈光华.德国“双元制”职业教育的发展历程[J].教育史研究,2000(1):90-93.

[12]戴国强.高等职业教育与经济发展的关系及调适[J].华南理工大学学报(社会科学版),2009(6):77-80.

[13]王琴.我国职业教育均衡发展的问题与对策[J].职教论坛,2010(4):70-73.

[14]示范性高等职业院校建设计划实施工作办公室，上海市教育科学研究院高职教育发展研究中心.《国家示范性高等职业院校建设计划》执行情况报告[J]. 职业技术教育，2010(30)：31-32.

[15]严文清. 中国大学治理结构研究[M]. 北京：人民出版社，2011.

[16]景琴玲，王革. 德国职业教育体系透析与展望[J]. 国家教育行政学院学报，2012(2)：91-95.

[17]朱德全，杨鸿. 职业教育城乡均衡发展问题表征与统筹保障：以重庆为例[J]. 教育研究，2012(5)：57-65.

[18]张兄武. 基于利益相关者理论的应用型创新人才培养模式研究[J]. 教育理论与实践，2011(9)：9-11.

[19]关晶，石伟平. 我国职业教育体系存在的问题及其完善对策[J]. 职业技术教育，2012(7)：5-9.

[20]孟庆国. 我国职业教育师资队伍建设的问题与对策[J]. 职业技术教育，2012(19)：55-58.

[21]朱德全. 职业教育促进经济社会发展[N]. 光明日报，2012-9-24(16).

[22]陈晶晶. 职业性与学术性并重的美国职业教育教学改革[J]. 教育与职业，2012(26)：21-24.

[23]朱德全. 和谐与互动：职业教育均衡发展的体制机制研究[J]. 河南大学学报(社会科学版)，2012(5)：138-143.

[24]林克松，朱德全. 职业教育均衡发展与区域经济协调发展互动的体制机制构建[J]. 教育研究，2012(11)：102-107.

[25]苏志刚，郑卫东，贺剑颢. 高职院校产学研合作教育模式的机制策略创新研究——宁波职业技术学院"院园融合"育人模式探索[J]. 高等工程教育研究，2012(5)：147-151.

[26]徐涵. 关于建设我国现代职业教育体系的几点建议[J]. 职教论坛，2013(1)：44-46.

[27]郑坚. "整合与衔接"理念下的美国职业教育改革[J]. 中国职业技术教育，2013(3)：76-80.

[28]牟晓青,于志涛.美国职业技术教育最新改革述评[J].外国教育研究,2013(3):55-62.

[29]顾月琴.从 STW 到 STC:世纪之交美国职业教育改革探析[J].职教论坛,2013(3):90-92.

[30]李明强,王一方.多中心治理:内涵、逻辑和结构[J].中共四川省委省级机关党校学报,2013(6):86-90.

[31]李雯.北京高职院校专业结构与产业结构的协调发展研究[J].教育与职业,2013(6):16-18.

[32]曹晔.我国现代职业教育体系框架构建[J].教育发展研究,2013(11):41-45.

[33]石伟平,陆俊杰.城镇化市民化进程中我国城乡统筹发展职业教育策略研究[J].西南大学学报(社会科学版),2013(4):53-63,174.

[34]王利娟.STC 理念下美国职业教育最新改革探析[J].职业技术教育,2013(26):92-95.

[35]张艳蓓.20 世纪 90 年代美国面向就业的职业教育改革研究[D].吉林:东北师范大学,2013.

[36]曹晔,刘宏杰.现代职业教育体系内涵及需处理好的重要关系[J].职业技术教育,2014(1):5-9.

[37]孙云志."有限主导一合作共治":高职院校治理模式的新路径[J].教育发展研究,2014(13):67-71.

[38]杨运鑫,罗频频,陈鹏.职业教育产教深度融合机制创新研究[J].职业技术教育,2014(4):39-43.

[39]张伟.高职院校校地互动转型发展中的冲突及消解策略[J].教育与职业,2014(14):18-20.

[40]涂三广.英国职业教育质量保障体系:运行机制与实践思考[J].职教论坛,2014(9):86-90.

[41]曹晔,盛子强.加快发展现代职业教育需要"四破""四立"[J].职业技术教育,2014(28):5-10.

[42]徐向平.美国新职业主义教育发展对中国当代职业技术教育改革的启示[J].职教论坛,2014(21):82-90.

[43]李红.基于区域经济发展的高职院校创新人才培养模式[J].教育与职业,2014(32):41-42.

[44]李玉静,孙琳.澳大利亚职业教育管理体制和运行机制的特点及启示[J].职业技术教育,2014(35):89-93.

[45]岑艺璇,谷峪.20世纪90年代以来美国新职业主义教育改革的特点[J].外国教育研究,2015(5):48-57.

[46]刘兰明.职业教育模式研究[M].北京:科学出版社,2015.

[47]邓志军.中外职业教育热点问题研究[M].武汉:武汉大学出版社,2015.

[48]孙丽霞.经济新常态下我国职业教育创新发展问题探讨[J].职业教育,2015(11):201-207.

[49]覃川.新常态下高职院校的转型升级[J].中国高校科技,2015(11):54-56.

[50]孙杏林.经济新常态背景下提升职教区域服务能力研究[J].职教论坛,2015(17):83-87.

[51]鄂甜.论“新常态”下我国职业教育转型发展策略[J].职业技术教育,2015(22):8-12.

[52]苟兴功,余洪英.高职院校校企合作办学体制改革与机制创新[J].教育与职业,2016(6):41-44.

[53]邵会婷,闫志利.经济新常态下的职业教育发展范式转型[J].教育与职业,2016(7):17-20.

[54]吴益群,杨泽宇.国际化校企共同体:混合所有制办学实践新模式[J].职教论坛,2016(8).

后记

书言有尽，学海无涯。

本书的写作是一个漫长而又艰涩的过程。对于重回教育战线的我而言，在兼顾读博、工作与家庭等多重身份与多种压力相互交织的生活中，能够有一隙空余来认真读书并写作“经济新常态下高等职业教育转型发展研究”书稿，简直就是一件“奢侈”的事情。然而在本书行将出版之际，却也感觉到职业教育研究之路仍任重道远。

本书的写作得到重庆市高等教育学会重点项目课题组和重庆市高等职业技术教育研究会重点项目课题组鼎力帮助。感谢课题组成员潘辉、张富强、石健壮、杨璐、刘惠娟、连伟利、高红七位同志为本书做出的大量贡献。感谢石健壮、杨璐、刘惠娟三位同志为本书统稿。写作过程中，课题组成员就书稿的谋篇布局、写作规范等具体问题进行了多次交流与碰撞，终使得书稿顺利完成。

本书的写作还要特别感谢西南大学朱德全教授、陈恩伦教授的悉心指导与徐小容博士的倾力相助。感谢朱教授、陈教授对书稿写作思路、写作方法的悉心指导，感谢小容博士为书稿写作框架提出的积极、中肯建议。西南师范大学出版社对本书的出版给予了大力支持，感谢西南师范大学出版社周明琼老师等为书稿出版所付出的辛苦劳动。

本书写作和修改过程中，参阅并引用了诸多学术文献，这里一并向相关作者表示衷心的感谢。

限于学术水平，本书尚存在诸多不足之处，敬请学界同仁批评指正。